GEORGES

MAIGRET ET LE FANTOME

Le vocabulaire de ce livre est fondé sur:
Börje Schlyter: Centrala Ordförrådet i Franskan
Günter Nickolaus: Grund- und Aufbauwortschatz Französisch
Georges Gougenheim: Dictionnaire Fondamental
de la Langue Française

Rédacteur: Ellis Cruse
Illustrations: Oskar Jørgensen

© 1976 par GEORGES SIMENON et
GRAFISK FORLAG A/S
ISBN Danemark 87-429-7503-4

Imprimé au Danemark par
Grafisk Institut A/S, Copenhague

GEORGES SIMENON

est né à Liège, en 1903, d'une famille d'origine bretonne et d'alliance hollandaise. Amené très jeune à gagner sa vie, il se trouve mêlé à des milieux fort divers. A l'âge de vingt ans, il vient à Paris, où il débute dans le roman populaire, sous différents pseudonymes. Mais c'est en 1929-30 que Simenon devient vraiment lui-même. Il compose un récit, PIETR LE LETTON, où apparaît pour la première fois la silhouette du fameux commissaire MAIGRET. Dès lors vont se succéder des romans courts, les uns dominés par Maigret, ayant pour centre un drame policier, les autres formant des études de milieux, de cas, de caractères.

Simenon a souvent été appelé «l'avocat des hommes» et si ses œuvres touchent tous les lecteurs, dans tous les pays, c'est à cause de leur réalisme, de leur poésie et de l'immense don de compréhension de l'auteur. Simenon cherche toujours, à travers le commissaire Maigret, à défendre l'homme, soit-il le coupable ou la victime, il cherche à vivre avec les êtres et pour ainsi dire «en» eux.

Après ses années parisiennes coupées de voyages, Simenon a longtemps résidé aux Etats-Unis. En 1955 il revient en Europe où il s'installe d'abord sur la Côte d'Azur, puis, en 1957, en Suisse dans sa propriété près de Lausanne, où vient de naître son 200e MAIGRET.

Récemment, à l'occasion de son soixante-dixième anniversaire, il a déclaré au monde entier qu'il allait s'arrêter d'écrire.

1

Il était un peu plus d'une heure, cette nuit-là, quand la lumière s'éteignit dans le bureau de Maigret. Le *commissaire,* les yeux gros de fatigue, poussa la porte du bureau des inspecteurs où le jeune Lapointe et Bonfils restaient de garde.

– Bonne nuit, les enfants, *murmura*-t-il.

Comme toujours à cette heure-là, il faisait froid dans l'escalier qu'il descendait en compagnie de l'inspecteur Janvier. On était au milieu de novembre. Il avait *plu* toute la journée. Depuis la veille à huit heures du matin, Maigret n'avait pas quitté l'atmosphère chaude de son bureau. Quand ils traversèrent la cour, Maigret dit à son compagnon :

– Je te dépose quelque part ?

Un taxi, appelé par téléphone, attendait devant le *portail* du *quai des Orfèvres.*

– A n'importe quel métro, *patron.*

Il pleuvait très fort. La pluie faisait du bruit sur le *pavé.*

Quelques minutes plus tard, Maigret montait, sans bruit, l'escalier de chez lui, boulevard Richard-Lenoir, cherchant la *clé* dans sa poche, la tournait délicatement dans la *serrure,* entendait presque tout de suite Mme Maigret qui se retournait dans le lit.

– C'est toi ?

---

commissaire, personnage important de la police
murmurer, parler à voix basse
pleuvoir, tomber de la pluie
quai des Orfèvres, adresse des bureaux de la police à Paris
patron, titre d'un supérieur par rapport à ses employés
clé, serrure, voir illustration page 6

Cela faisait des centaines, sinon des milliers de fois qu'elle posait cette question-là au milieu de son sommeil. Elle jetait un *coup d'œil* à son mari pour *se rendre compte* de son humeur.
- A quelle heure dois-tu être au bureau?
- A neuf heures.
- Tu ne peux pas dormir plus tard?
- Réveille-moi à huit heures.

Il n'eut pas l'impression d'avoir dormi plus de quelques minutes, quand la *sonnette* de la porte d'entrée le réveilla et que sa femme se glissa hors du lit pour aller ouvrir.

Elle revint, lui toucha l'épaule, ouvrit les rideaux et il se rendit compte qu'il faisait jour. Il demanda d'une voix lointaine :
- Quelle heure est-il?
- Sept heures.
- Quelqu'un est là?
- L'inspecteur Lapointe t'attend dans la salle à manger.
- Que veut-il?

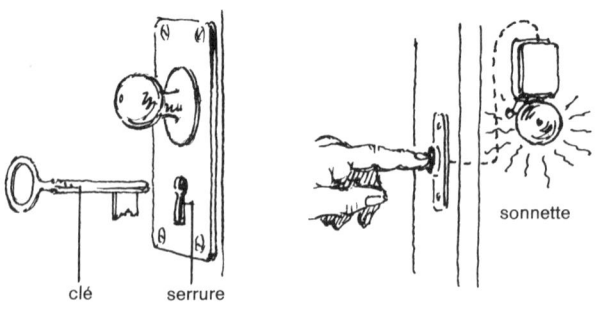

clé   serrure   sonnette

---

coup d'œil, regard rapide
se rendre compte (de qc), prendre conscience (de qc)

– Je ne sais pas. Reste un instant au lit, que je te prépare une *tasse* de café.

Pourquoi sa femme lui parlait-elle comme si on venait lui annoncer une mauvaise nouvelle? Il se leva sans attendre le café, passa son *pantalon* et poussa la porte de la salle à manger.

Lapointe avait l'air fatigué après une nuit de garde. Maigret se contenta d'interroger du regard.

– Excusez-moi pour ce mauvais réveil, patron ... Il est arrivé quelque chose, cette nuit, à quelqu'un que vous aimez bien ...

– Janvier?

– Non. Pas un homme du quai des Orfèvres.

Mme Maigret apportait deux grandes tasses de café.

«Lognon ...»

– Il est mort?

– Gravement blessé. On l'a transporté à l'hôpital Bichat et voilà trois heures que le professeur Mingault l'opère. Je n'ai pas voulu venir plus tôt, ni vous téléphoner, parce que, après la journée et la soirée d'hier, vous aviez besoin de repos. D'ailleurs, au début, on lui donnait peu de chances de vivre ...

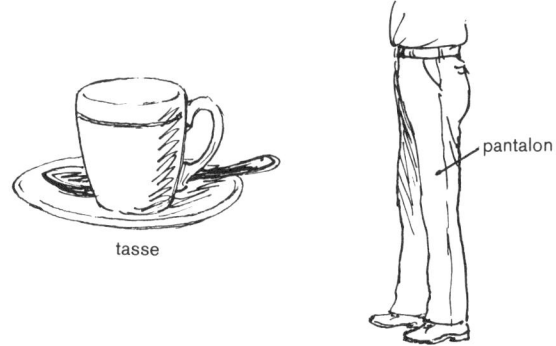

– Que lui est-il arrivé?

– Deux *balles,* une dans le *ventre,* l'autre sous l'épaule...

– Où est-ce arrivé?

– Avenue Junot, sur le *trottoir.*

– Il était seul?

– Oui. Pour le moment, ce sont ses collègues du XVIIIe *arrondissement* qui mènent l'*enquête.*

Maigret buvait son café, lentement, sans en éprouver la satisfaction des autres matins.

«J'ai pensé que, s'il reprend connaissance, vous voudrez être là. La voiture est en bas...»

«On espère le sauver?»

– Presque rien. On ignore même ce qu'il faisait avenue Junot. C'est une *concierge* qui a entendu les *coups de feu* et a téléphoné à la police. Une balle a traversé son *volet,* brisé la *vitre,* et est entrée dans le mur *au-dessus de* son lit.

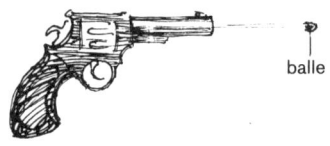

---

ventre, partie du corps sous la taille
trottoir, partie de la rue réservée à ceux qui marchent à pied
arrondissement, l'administration de Paris est organisée en 20 parties : les arrondissements
enquête, recherche; (ici : pour découvrir un crime)
concierge, personne qui garde une maison ou les appartements d'une maison
coup de feu, action de tirer avec une arme à feu
volet, élément de bois, placé la nuit contre une fenêtre pour la protéger
vitre, verre d'une fenêtre
au-dessus de, plus haut que

– Je m'habille...

Il passa dans la salle de bains tandis que Mme Maigret mettait la table pour le petit déjeuner et que Lapointe attendait.

Si l'inspecteur Lognon n'appartenait pas au quai des Orfèvres, Maigret n'en avait pas moins travaillé souvent avec lui. Il l'appelait l'Inspecteur Malchanceux et on aurait dit, en effet, que le pauvre Lognon avait le *don* d'attirer sur lui tous les malheurs.

Il avait une femme malade, de sorte qu'après son travail il devait s'occuper du marché et du dîner.

«On espère le sauver?»

– A Bichat, on lui donne, paraît-il, trois chances sur dix.

– Il a pu parler?

Maigret, sa femme et Lapointe prenaient le petit déjeuner ensemble.

– Ses collègues ne me l'ont pas dit.

– Allons-y! *soupira* Maigret en mettant son manteau.

Son regard croisa celui de sa femme et il comprit qu'elle avait envie de lui parler, devina qu'elle venait d'avoir la même idée que lui.

– Tu comptes rentrer déjeuner?
– Probablement pas.
– Dans ce cas, tu ne crois pas...

Elle pensait à Mme Lognon, seule et malade dans son appartement.

– Habille-toi vite! Nous te déposerons chez Mme Lognon.

---

don, disposition naturelle
soupirer, respirer profondément pour montrer que l'on est triste

Lapointe conduisait la petite voiture de la police. C'était la seconde fois, en tant d'années, que Mme Maigret montait dans une de ces voitures en compagnie de son mari.

Ils atteignirent Montmartre, la rue Caulaincourt.

«C'est ici. Téléphone-moi au bureau plus tard...»

Une affaire à peine finie, une autre commençait dont il ne savait encore rien. Il aimait bien Lognon. Souvent, dans ses rapports officiels, il avait *souligné* ses mérites, lui donnant même l'avantage du succès qu'il avait obtenu personnellement. Cela n'avait servi à rien. L'Inspecteur Malchanceux!

«A Bichat d'abord...»

Un escalier. Des *couloirs*. Enfin, devant une porte marquée «Chirurgie», ils trouvèrent un inspecteur du XVIIIe, qui avait aux lèvres une cigarette non allumée.

– Je crois que vous feriez mieux d'éteindre votre *pipe,* monsieur le commissaire. Il y a ici une sorte de *dragon* qui va vous sauter dessus comme elle l'a fait quand j'ai allumé ma cigarette.

– On l'opère toujours?

Il était neuf heures moins le quart.

– Ils ont commencé à travailler dessus à quatre heures...

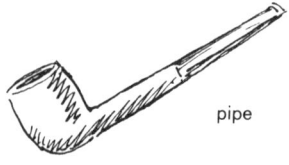
pipe

---

souligner, faire remarquer spécialement
couloir, passage étroit d'une maison sur lequel ouvrent les pièces
dragon, ici : femme de mauvais caractère

– Vous n'avez aucune nouvelle?
– Non. J'ai essayé d'en avoir dans ce bureau à gauche, mais la vieille...

C'était le bureau de l'*infirmière*-chef que l'inspecteur avait appelée le dragon. Maigret y frappa. Une voix dure lui cria d'entrer.

– Qu'est-ce que c'est?
– Je m'excuse de vous déranger, madame. Je suis le commissaire Maigret...
– Et alors?
– Je voudrais savoir si vous avez des nouvelles de l'inspecteur qu'on opère en ce moment.
– J'en aurai quand l'opération sera terminée... Tout ce que je peux dire, c'est qu'il n'est pas mort, puisque le professeur n'est pas sorti...
– Quand croyez-vous qu'il ait des chances de reprendre connaissance?
– Vous le demanderez au professeur Mingault.
– Si vous disposez d'une chambre particulière, je vous serais *reconnaissant* de la lui réserver. C'est important. Un inspecteur restera auprès de lui...

Elle *tendit l'oreille,* car la porte de la chirurgie venait de s'ouvrir et un homme en blanc apparaissait dans le couloir.

– Monsieur le professeur, voici une personne qui...
– Commissaire Maigret.
– *Enchanté.*
– Il vit?

---

infirmière, celle qui aide le docteur à soigner les malades
reconnaissant, sentiment que l'on a envers une personne qui vous a rendu service
tendre l'oreille, écouter attentivement
enchanté, content de faire votre connaissance

– Pour le moment. A moins de complications, j'ai l'espoir de le sauver... Vous permettez?...

Son regard était celui d'un homme fatigué. Il se dirigeait à grands pas vers son bureau. La porte s'ouvrait à nouveau. Un infirmier poussait un lit roulant où l'on n'apercevait que le haut du visage de Lognon.

Maigret, Lapointe et l'inspecteur du XVIIIe suivaient le malade. Quand on l'eut installé dans sa chambre, Maigret regardait sa *montre,* et dit au collègue de Lognon :

montre

– Je crois que je vais vous laisser. Essayez d'être présent quand il reprendra connaissance. S'il est capable de parler, notez très exactement ce qu'il dira...

Il fut content, dans la cour, de pouvoir allumer sa pipe tandis que Lapointe allumait une cigarette.

«Toi, tu ferais mieux d'aller te coucher. Dépose-moi seulement au bureau de police du XVIIIe.

Ils en étaient à deux pas. Dans le bureau des inspecteurs, trois collègues de Lognon écrivaient des rapports.

«Bonjour, messieurs. Qui d'entre vous est au courant?...»

Maigret les connaissait aussi, sinon par leur nom, tout au moins de vue, et tous les trois s'étaient levés.

– Chacun de nous et personne.

– Quelqu'un est allé avertir Mme Lognon?
– Durantel s'en est chargé . . .
– Lognon était sur une affaire?

Ils se regardaient, hésitants. Enfin l'un d'eux commença :

– C'est justement ce que nous nous sommes demandé. Vous connaissez Lognon, monsieur le commissaire. Il lui arrivait, quand il se croyait sur une *piste,* de prendre des airs mystérieux. Ce n'était pas rare qu'il travaille sur une affaire pendant des semaines sans nous en parler . . .

Parce que le pauvre Lognon avait l'habitude qu'un autre soit *félicité* à sa place!

«Depuis au moins quinze jours, il se montrait secret, avec, parfois, quand il rentrait au bureau, l'air de quelqu'un qui prépare une importante surprise . . .»

– Il n'a *fait* aucune *allusion?*
– Non. Seulement, il choisissait presque toujours le service de nuit . . .
– On sait dans quel quartier il travaillait?
– Les *patrouilles* l'ont aperçu plusieurs fois, avenue Junot, non loin de l'endroit où il a été attaqué. Mais pas les derniers temps. Il quittait le bureau vers neuf heures du soir pour y revenir à trois ou quatre heures du matin. Il lui est arrivé de ne pas revenir de la nuit.
– Il n'a écrit aucun rapport?
– Non, je n'ai rien trouvé.

---

piste, chemin qui conduit à qn ou qc; ici : ce qui guide dans une recherche (fig.)
féliciter (qn), dire à qn que l'on est content de ce qu'il a fait
faire allusion (à), parler d'une personne ou d'une chose d'une manière vague
patrouille, policiers qui parcourent les rues la nuit pour s'assurer qu'il ne se passe rien de grave

– Vous avez des hommes sur les lieux?
– Ils sont trois, dirigés par l'inspecteur Chinquier.

Maigret se fit conduire avenue Junot par Lapointe. La pluie qui tombait toujours n'empêchait pas un groupe d'une cinquantaine de personnes de se tenir au milieu de l'avenue. Des policiers en uniforme empêchaient le passage devant un *immeuble* de quatre étages. Maigret descendit de voiture et fut tout de suite entouré de journalistes et de photographes.

immeuble, maison à plusieurs étages

Sur le trottoir vide, la pluie n'avait pas suffi à effacer le sang.

L'inspecteur Deliot, qui appartenait aussi à la police du XVIIIe, retira son chapeau pour saluer Maigret.

– Chinquier est chez la concierge, monsieur le commissaire. C'est lui qui est arrivé le premier sur les lieux.

Le commissaire entra dans l'immeuble, et poussa la porte vitrée de la *loge* au moment où l'inspecteur Chinquier remettait son *carnet* dans sa poche.

carnet, voir illustration page 16

carnet

– Je pensais que vous viendriez. J'étais surpris de ne voir personne du Quai.
– Je suis passé par Bichat.
– L'opération?
– Elle semble avoir réussi. Le professeur prétend qu'il a des chances de *survivre*.

La concierge, qui devait avoir dans les quarante-cinq ans, était une femme aimable, aux formes agréables.
– Asseyez-vous, messieurs. Je viens de raconter à l'inspecteur tout ce que je sais. Regardez par terre...

Il y avait partout des éclats de verre.
«Et ici...»
Elle désignait un *trou*, à un mètre environ au-dessus du lit, qui était au fond de la pièce.
– Vous étiez seule ici?
– Oui. Mon mari est concierge de nuit au Palace Hôtel, avenue des Champs-Elysées, et ne rentre qu'à huit heures du matin.
– Où se trouve-t-il en ce moment?
– Dans la *cuisine*.

---

survivre, échapper à la mort
trou, cuisine, voir illustration pages 14 et 15

Elle désignait une porte fermée.

– Je suppose, Chinquier, que vous avez posé toutes les questions utiles. Ne *vous vexez* pas si je les pose *à mon tour*.

– Vous avez besoin de moi?

– Pas tout de suite.

– Dans ce cas, je monte un moment.

Maigret le regarda, se demandant où il montait ainsi.

– Je m'excuse, madame...

– Madame Sauget. Les *locataires* m'appellent Angèle. Vous ne voulez rien prendre? Une tasse de café?

– Merci. Cette nuit, donc, vous étiez couchée...

– Oui. J'ai entendu une voix qui prononçait :

«– La porte, s'il vous plaît...»

– Vous savez quelle heure il était?

– Deux heures vingt.

– Il s'agissait d'un de vos locataires qui sortait?

– Non. C'était ce monsieur...

Elle montrait la gêne de quelqu'un qu'on force à dire une chose indiscrète.

– Quel monsieur?

– Celui qui a été attaqué...

Maigret et Lapointe se regardaient, surpris.

– Vous voulez dire l'inspecteur Lognon?

Elle fit oui de la tête, ajoutait :

– On est obligé de tout dire à la police, n'est-ce pas? D'habitude, je ne parle pas de mes locataires, de ce qu'ils

---

se vexer, se mettre en colère
à mon tour, moi aussi
locataire, celui qui occupe un appartement contre une certaine somme d'argent

font ou de qui ils reçoivent. Leur vie privée ne me regarde pas. Mais, après ce qui s'est passé . . .

– Il y a longtemps que vous connaissez l'inspecteur?

– Des années, oui. Depuis que nous habitons ici, mon mari et moi. Mais j'ignorais son nom. Je le voyais passer et je savais qu'il était de la police, car il est venu plusieurs fois dans la loge pour des *vérifications d'identité*. Il ne parlait pas beaucoup.

– Dans quelles conditions l'avez-vous mieux connu?

– Quand il a commencé à *fréquenter* la demoiselle du quatrième.

Cette fois, Maigret en resta sans voix. Quant à Lapointe, il était *stupéfait*. Les policiers ne sont pas nécessairement des saints. Mais Lognon rendant visite, la nuit, à une demoiselle, à deux cents mètres à peine de son propre *domicile!*

– Vous êtes sûre qu'il s'agit bien du même homme?

– Il est assez facile à reconnaître, non?

– Il y a longtemps que . . . qu'il montait voir cette personne?

– Une dizaine de jours.

– Donc, un soir, je suppose, il est rentré avec elle?

– Oui.

– A-t-il caché son visage en passant devant la loge?

– Il me semble que oui.

– Il est revenu souvent?

– Presque chaque soir.

– Il repartait très tard?

---

vérification d'identité, le fait de s'assurer que les gens utilisent bien leur véritable nom
fréquenter, rechercher la compagnie de qn
stupéfait, fortement surpris
domicile, endroit où l'on habite

– Au début, je veux dire les trois ou quatre premiers jours, il s'en allait un peu après minuit. Puis il est resté plus tard, jusqu'à deux ou trois heures du matin.

– Comment s'appelle cette femme?

– Marinette... Marinette Augier... Une très jolie fille de vingt-cinq ans, une personne bien élevée.

– Elle a l'habitude de recevoir des hommes?

– Je crois que je peux répondre, car elle ne s'est jamais cachée de sa conduite. Pendant un an, elle a reçu deux ou trois fois par semaine un beau garçon qu'elle m'a dit être son *fiancé*. Mais un jour, il n'est plus venu, et elle m'a paru triste.

– Elle travaille?

– Elle travaille, à ce qu'elle m'a dit, dans un institut de beauté de l'avenue Matignon. Cela explique qu'elle soit toujours si soignée, habillée avec goût.

– Depuis que son ami ne vient plus, elle ne reçoit personne chez elle?

– Seulement son frère, de temps en temps, qui habite près de Paris avec sa femme et ses enfants.

– Il y a une quinzaine de jours, elle est rentrée, un soir, en compagnie de l'inspecteur Lognon?

– Comme je vous l'ai dit.

– Et, depuis, il est revenu tous les jours?

– Sauf dimanche.

– Il ne venait jamais pendant la journée?

– Non. Mais vous me faites penser à un détail. Un soir qu'il est arrivé vers neuf heures, comme d'habitude, j'ai couru après lui avant qu'il ne monte l'escalier pour lui dire :

«– Marinette n'est pas chez elle.»

---

fiancé, personne avec qui on va se marier

«– Je sais, m'a-t-il répondu. Elle est chez son frère.»

«Il est monté quand même, sans explications, ce qui me fait supposer qu'elle lui avait donné la clé . . .»

Maigret comprenait maintenant pourquoi l'inspecteur Chinquier était monté.

– Votre locataire est là-haut en ce moment?

– Non.

– Elle est allée à son travail?

– J'ignore si elle y est allée, mais quand j'ai voulu lui annoncer la nouvelle . . .

– A quelle heure?

– Après avoir téléphoné à la police. Je me suis dit qu'elle avait sûrement entendu les coups de feu. Tous les locataires les avaient entendus. Les uns étaient penchés à leur fenêtre, d'autres descendaient en *robe de chambre* pour savoir ce qui se passait . . .

«Sur le trottoir, ce n'était pas beau à voir . . . Je suis donc montée en courant et j'ai frappé à sa porte. Personne n'a répondu. Je suis entrée et j'ai trouvé l'appartement vide . . .»

Maigret et Lapointe ne pouvaient qu'échanger des regards sans expression.

– Vous croyez qu'elle a quitté la maison en même temps que lui?

– Je suis certaine que non. Je suis sûre qu'il n'y avait qu'une seule personne, un homme.

– Il vous a crié son nom en passant?

– Non. Il avait l'habitude de dire :

«– Quatrième!»

«Je reconnaissais sa voix. D'ailleurs, il était le seul à employer ce mot-là.»

– Elle est donc sortie après les coups de feu?

– C'est la seule explication. Quand j'ai vu le corps sur

robe de chambre

le trottoir, je me suis précipitée ici pour téléphoner à la police. J'ai hésité à refermer la porte d'entrée. Je n'ai pas osé. Il me semblait que ce serait comme d'abandonner ce pauvre homme ...

– Vous vous êtes penchée sur lui pour savoir s'il était mort?

– Cela a été dur, car j'ai horreur du sang, mais je l'ai fait.

– Il avait sa connaissance?

– Je ne sais pas.

– Il n'a rien dit?

– Ses lèvres ont remué. Je sentais bien qu'il voulait parler. J'ai cru distinguer un mot, mais j'ai dû *me tromper*, car cela n'a pas de sens ...

– Quel mot?

– *Fantôme* ...

Elle rougit, comme si elle craignait que le commissaire et l'inspecteur se moquent d'elle ou croient qu'elle *inventait*.

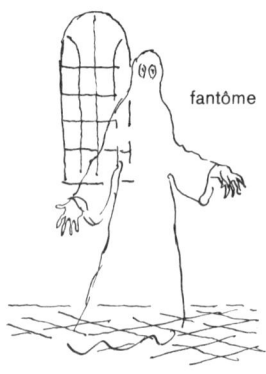

---

se tromper, faire erreur
inventer, imaginer une chose que l'on prétend réelle

Questions

1. Pourquoi Lapointe vient-il réveiller Maigret chez lui tôt le matin?
2. Que pensez-vous de l'attitude de l'infirmière-chef?
3. D'après son récit, quel vous semble être le caractère de la concierge?
4. Que pensez-vous de l'absence de Marinette?
5. Pourquoi la concierge craint-elle qu'on se moque d'elle quand elle dit : «Fantôme»?

2

On aurait dit que l'homme avait choisi ce moment-là afin d'obtenir un effet théâtral. Peut-être, d'ailleurs, écoutait-il derrière la porte? Le mot fantôme était à peine prononcé qu'on voyait la porte de la cuisine s'ouvrir, une tête apparaître.

Le visage était pâle, les yeux rouges comme quelqu'un qui n'a pas dormi.

– Tu ne dors pas, Raoul?

Et, comme si c'était nécessaire, elle présentait l'homme :

«Mon mari, monsieur le commissaire.»

Une tasse de café à la main, il saluait vaguement Maigret.

– Cela va continuer longtemps? *gémit*-il.

Il s'assit dans un coin pour boire son café, les pieds nus dans les *pantoufles,* et, pendant le reste de la conversation, il n'ouvrit la bouche que pour soupirer.

– J'aimerais, madame, que vous essayiez de vous souvenir, presque seconde par seconde, de ce qui s'est passé à partir du moment où on vous a demandé d'ouvrir la porte.

– J'ai entendu :

«– La porte, s'il vous plaît.

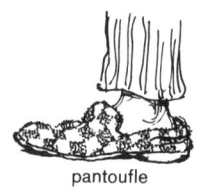

pantoufle

---

gémir, se plaindre faiblement

«Et la voix, que j'ai bien reconnue, a ajouté:
«– Quatrième!

«Comme je vous l'ai déjà dit, j'ai regardé l'heure automatiquement. Il était 2 h 30. J'ai ouvert la porte à l'aide d'un *bouton électrique* qui est dans ma loge et, au même instant, j'ai cru entendre le bruit d'un moteur, comme si une voiture *stationnait,* non pas devant la maison, mais devant la maison voisine, sans qu'on ait arrêté le moteur.

«Tout cela, n'est-ce pas, n'a duré que quelques secondes. J'entendais aussi les pas de M. Lognon dans le couloir. Puis la porte a *claqué.* Tout de suite après, le bruit de moteur est devenu plus fort, la voiture s'est mise en marche et un coup de feu a éclaté, un autre, un troisième.

«On aurait pu croire que le dernier avait été tiré dans la loge même, car la vitre a éclaté au-dessus de ma tête . . .»

– La voiture a continué sa route? Vous êtes sûre qu'il y avait une voiture?

– J'en suis certaine.

– Vous ne vous rappelez aucun cri?

– Non. Je suis d'abord restée ici, car j'avais peur. Puis, j'ai allumé et je me suis précipitée dans le couloir.

– La porte de la rue était fermée?

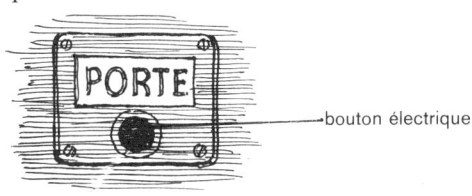

stationner, action de rester à l'arrêt quelque part
claquer, faire entendre un bruit sec

– Je vous l'ai dit. Je l'avais entendu claquer. J'ai écouté et je n'ai entendu que la pluie. Alors, j'ai ouvert un peu et j'ai vu le corps à deux mètres à peine du *seuil*. Le malheureux était couvert de sang. Ses yeux ouverts me fixaient.

– Vous vous êtes penchée et c'est alors que vous avez entendu ou cru entendre le mot fantôme.

– Je jurerais que c'est bien ce qu'il a murmuré. Des fenêtres se sont ouvertes. Je suis rentrée et j'ai appelé la police.

Le téléphone était fixé au mur. De l'endroit où il était placé, on ne pouvait voir dans le couloir.

«Des locataires sont descendus . . . Je vous ai déjà raconté tout ça . . . Après avoir *raccroché*, j'ai pensé à Marinette et je me suis précipitée au quatrième.»

– Je vous remercie. Me permettez-vous de me servir de votre téléphone?

Maigret appela le quai des Orfèvres.

«Allô! C'est toi, Lucas? Tu as dû trouver une note de Lapointe *au sujet de* Lognon. Je voudrais que tu te rendes à Bichat. Essaie de voir le docteur qui a assisté à l'opération. Je suppose qu'ils ont trouvé la balle, probablement deux. J'aimerais avoir plus de détails en attendant le rapport officiel. Quant aux balles, tu les porteras au laboratoire. Je te verrai *tout à l'heure* ou au début de l'après-midi.

Le commissaire se tournait vers Lapointe.

«Toi, tu cours avenue Matignon. Les instituts de beauté ne doivent pas être si nombreux que tu ne

---

seuil, partie qui se situe juste devant la porte
raccrocher, interrompre une conversation téléphonique
au sujet de, en ce qui concerne
tout à l'heure, dans un instant; aussi : il y a un instant

trouves pas celui où travaille Marinette Augier. Il y a peu de chances pour qu'elle soit à son travail . . . Essaie d'en apprendre le plus possible sur elle.»

– Compris, patron.
– Moi, je monte.

Au quatrième, la porte n'était pas fermée; il entra dans un salon où l'inspecteur Chinquier, assis dans un fauteuil, *fumait* sa cigarette.

– Je vous attendais. Elle vous a tout raconté?
– Oui.

– Elle vous a parlé de la voiture? C'est ce qui m'a le plus frappé. Regardez ceci . . .

Debout, il tirait de sa poche trois *douilles* qu'il avait enveloppées dans un morceau de journal.

«Nous les avons trouvées dans la rue. Si on a tiré d'une voiture en marche, ce qui paraît probable, on a dû passer le bras par la *portière*. Vous remarquerez que c'est du 7,63. Cela sent le professionnel et il avait au moins un *complice,* car il n'a pas tiré en conduisant.»

– Vous avez visité l'appartement?

– J'aimerais que vous regardiez vous-même . . .

Sur la table, Maigret avait tout de suite remarqué une *cafetière,* une tasse avec encore un fond de café et une bouteille de cognac.

– Une seule tasse, murmura-t-il. Vous n'y avez pas touché, Chinquier? Vous devriez téléphoner au Quai pour qu'ils envoient des gens du laboratoire.

Un des fauteuils était tourné vers la fenêtre, et un *cendrier* contenait sept ou huit *mégots.*

Deux portes s'ouvraient sur le salon. Par la première on entrait dans la cuisine qui était propre, bien rangée.

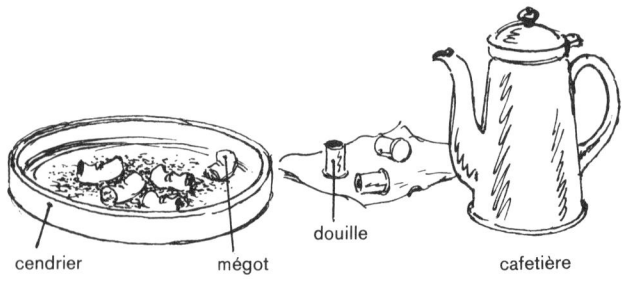

cendrier   mégot   douille   cafetière

---

portière, porte d'une voiture
complice, celui qui aide qn; (ici : à commettre un crime)

La seconde était celle de la chambre. Le lit n'était pas fait. L'*oreiller,* le seul oreiller, portait encore la trace d'une tête.

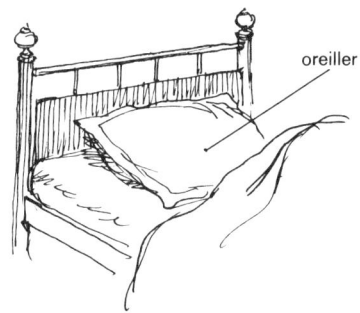

Chinquier remontait déjà.

– J'ai eu Mœrs au téléphone. Il vous envoie l'*équipe* du laboratoire immédiatement. Vous avez eu le temps de jeter un coup d'œil? Vous avez ouvert le *placard?*

– Pas encore.

Il l'ouvrait. Cinq robes étaient pendues, ainsi qu'un manteau et deux *tailleurs.* En haut, des *valises* étaient rangées.

– Vous voyez ce que je veux dire? Il ne semble pas qu'elle ait emporté de valises.

Soudain, sur la table de nuit, Maigret aperçut un cendrier, mais cette fois-ci les mégots étaient marqués de rouge à lèvres.

– Elle fumait des cigarettes américaines . . .

– Alors que, dans le salon, on n'a fumé que des françaises, n'est-ce pas?

équipe, groupe de personnes qui ont l'habitude de travailler ensemble
placard, tailleur, valise, voir illustration page 30

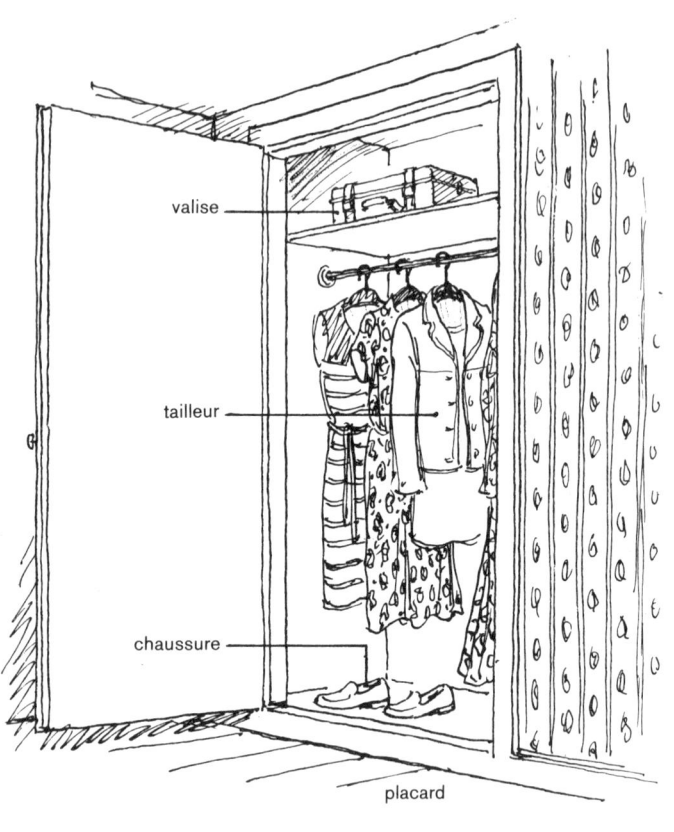

Les deux hommes échangèrent un coup d'œil, car ils avaient eu la même idée.

– En plus, le lit ne porte que la trace d'une seule tête . . .

Malgré le drame, il était difficile de ne pas sourire à l'idée de l'Inspecteur Lognon en train de faire la cour à une jeune et jolie fille.

S'étaient-ils disputés? Lognon s'était-il *réfugié* dans la pièce à côté, au fond d'un fauteuil, avait-il fumé cigarette sur cigarette pendant que sa *maîtresse* était au lit?

Il y avait quelque chose qui n'allait pas, et Maigret s'en rendait compte.

«Je regrette d'avoir à vous demander de descendre à nouveau, Chinquier, mais il reste une question que j'ai oubliée de poser. J'aimerais savoir si, quand la concierge est montée, elle a trouvé de la lumière dans le salon.»

– Je peux vous répondre. Il y avait de la lumière dans la chambre, dont la porte était ouverte, mais pas dans les autres pièces.

Ils retournaient ensemble dans ce salon dont les deux *portes-fenêtres* donnaient sur un balcon *longeant* toute la façade, comme on en trouve au dernier étage de nombreuses vieilles maisons de Paris.

Par les portes-fenêtres, le commissaire dominait plusieurs *hôtels particuliers*. Celui d'en face, qui devait avoir une quinzaine d'années, ne *comportait* que deux étages.

Appartenait-il à un *peintre,* comme le second étage presque entièrement vitré, semblait l'indiquer? Des rideaux sombres étaient tirés, ne laissant entre eux qu'un espace ouvert de trente à quarante centimètres.

Si on avait demandé au commissaire à quoi il pensait, il aurait eu du mal à répondre. Il regardait tantôt

---

se réfugier, se mettre à l'abri
maîtresse, ici : femme liée à un homme qui n'est pas son mari
porte-fenêtre, fenêtre qui descend jusqu'au niveau du sol
longer, aller le long de
hôtel particulier, grande maison privée
comporter, contenir
peintre, personne qui peint des tableaux

dehors, tantôt dans l'appartement, sachant qu'à un moment donné certaines images se rejoindraient et prendraient un sens.

On entendait du bruit dans la rue, des pas lourds dans l'escalier, des voix. L'équipe de l'*Identité judiciaire* arrivait et Mœrs s'était dérangé *en personne*.

– Où est le mort? demanda-t-il.

– Il n'y a pas de mort. Chinquier ne t'a rien dit?

– J'ai fait au plus vite, s'excusait celui-ci.

– Il s'agit de Lognon, qui a été abattu au moment où il sortait de cette maison.

– Il est mort?

– On l'a transporté à Bichat. Il a des chances de survivre. Il a passé une partie de la nuit dans cet appartement avec une femme. J'aimerais savoir si on trouve ses *empreintes* dans la chambre à coucher ou seulement dans cette pièce. Vous descendez avec moi, Chinquier?

Il attendit d'être dans le couloir en bas pour lui dire *à mi-voix* :

«Il serait peut-être utile d'interroger les locataires et les voisins. Il y a peu de chances pour que quelqu'un se soit trouvé à sa fenêtre au moment des coups de feu, mais on ne sait jamais . . . Il est possible aussi que la jeune Marinette ait pris un taxi et, dans ce cas, il ne sera pas difficile de retrouver le chauffeur.

Il soupira, en lui serrant la main :

«Bonne chance!

Et, les mains dans les poches, il descendit la rue.

Identité judiciaire, laboratoire de la police
en personne, lui-même
empreinte, trace laissée par les doigts sur ce qu'ils touchent
à mi-voix, à voix basse

Rue Caulaincourt, il entra dans le premier café venu où il commanda un café.

«Le téléphone, s'il vous plaît.

Il but la moitié de son café avant d'appeler le Quai.

«Lapointe est rentré?»

– Je vous le passe.

– C'est vous, patron? J'ai trouvé tout de suite l'institut de beauté, car il n'y a que celui-là avenue Matignon. Marinette Augier n'a pas pris son travail aujourd'hui et ses collègues en sont surprises car, paraît-il, elle est toujours à l'heure.

«Elle n'a parlé à personne de Lognon. Elle a un frère marié, qui travaille dans une compagnie d'assurances...»

– Janvier est là?

– Oui.

– Demande-lui de te remplacer. Je veux que tu te couches afin d'être reposé quand j'aurais besoin de toi. Qu'il aille voir le frère et qu'il essaie de savoir où Marinette a pu se réfugier.

Il appela ensuite chez Lognon. Comme il s'y attendait, ce fut Mme Maigret qui répondit.

– Où es-tu? demanda-t-elle.

– Dans un café à deux pas. Comment va-t-elle?

Il comprit le silence de sa femme.

«Je suppose qu'elle est couchée et qu'elle se sent plus mal que son mari?»

– Oui.

– Tu lui as préparé à manger?

– Oui.

– Elle peut donc rester seule?

– Pas *volontiers!*

---

volontiers, avec plaisir

– Que cela lui plaise ou non, dis-lui que j'ai besoin de toi et viens me rejoindre le plus tôt possible «chez Manière».

– Nous déjeunons ensemble?

Elle n'en croyait pas ses oreilles, car cela ne leur arrivait presque jamais.

Le commissaire finit son café, paya, et se dirigea vers le restaurant «chez Manière».

Il eut le temps de fumer une pipe avant l'arrivée de Mme Maigret.

Quand ils eurent commandé le menu, Maigret se pencha vers sa femme :

– Alors, raconte . . .

– Je l'ai trouvée au lit, entourée de la concierge et d'une vieille voisine. Elles avaient appelé le docteur car, à la voir, on aurait cru qu'elle allait mourir.

– Elle a été surprise de ta visite?

– Tu sais ce qu'elle a commencé par me dire?

«– En tout cas, votre mari ne pourra plus le *persécuter* . . .»

«Au début, j'étais mal à l'aise. Par chance, le docteur est arrivé. Après la consultation, je l'ai suivi dans l'entrée et je lui ai demandé si Mme Lognon était gravement malade. Voilà ce qu'il m'a répondu :

«– Je ne prétends pas qu'elle soit d'une santé de fer, mais je peux vous affirmer qu'elle n'est atteinte d'aucune maladie grave. Voilà dix ans que je la soigne!»

«A-t-elle été déçue par son mariage? Elle *en veut*, en tout cas, *à* son mari, d'être resté un simple inspecteur

---

persécuter, faire beaucoup souffrir
en vouloir à qn, être furieux contre qn

de quartier. Alors, elle *se venge* en l'obligeant à la soigner, à mener une existence impossible.

«Quand tu m'as téléphoné et que je lui ai annoncé que je devais la quitter pour une heure ou deux, elle m'a lancé :

«– Depuis que j'ai fait la *bêtise* d'épouser Charles, il m'a annoncé, de temps en temps, la grosse affaire qui va faire parler de lui et obliger ses chefs à lui donner la place qu'il mérite. Au début, j'y croyais et je me réjouissais avec lui. Mais la grosse affaire ne venait jamais, ou bien c'était un autre qui s'en donnait le mérite . . .»

Mme Maigret ajoutait, avec un air *ravi :*

«J'aime mieux avouer qu'à la façon dont elle m'a regardée en disant ça, il était clair que la personne qui se donnait tout le mérite n'était autre que toi . . . Et elle s'est aussi plainte de ce que, ces derniers temps, il faisait souvent le service de nuit. C'est exact?»

– C'était lui qui le demandait.

– Il y a quatre ou cinq jours, il a annoncé qu'il y aurait bientôt du nouveau et que les journaux, cette fois, montreraient sa photo en première page . . .

Ils furent interrompus par le garçon qui venait avec les *plats* qu'ils avaient commandés. Quand ils furent à nouveau seuls, Mme Maigret demanda, un peu inquiète :

«Je t'ai été utile? Cela te servira?

Maigret ne répondit pas tout de suite, car il poursuivait une idée encore vague.

---

se venger, faire du mal à qn qui vous a fait du mal
bêtise, parole ou action qui révèle peu d'intelligence
ravi, très heureux
plat, ici : ce que l'on mange à table

«Tu as entendu?»

– Oui. Ce que tu viens de m'apprendre va sans doute changer le cours de l'enquête . . .

Elle le regardait, ravie. Ce déjeuner «chez Manière» resterait un de ses plus beaux souvenirs.

Questions

1. D'après vous, comment s'est passée l'attaque avenue Junot?
2. Pourquoi Maigret et Chinquier inspectent-ils l'appartement de Marinette?
3. La position du fauteuil dans le salon vous semble-t-elle avoir une importance?
4. Que pensez-vous de Mme Lognon?
5. Pourquoi Mme Maigret est-elle heureuse que son mari l'amène au restaurant?

3

En sortant du restaurant, Maigret prit un taxi, qui le conduisit au Quai, tandis que Mme Maigret retourna chez Mme Lognon.

Il n'avait pas eu le temps d'enlever son manteau que Janvier frappait à sa porte.

– J'ai vu le frère de Marinette, patron. Je l'ai trouvé à son bureau.

– Il était au courant de ce qui s'est passé la nuit dernière?

– Non. Il m'a affirmé que ce n'est pas dans le caractère de sa sœur de prendre la fuite ou de se cacher.

– Quelle impression t'a-t-il faite?

– Je le prends pour un garçon très bien. Il m'a donné sans hésiter les *renseignements* sur sa famille. Le père est professeur d'anglais au lycée de Grenoble. Après avoir fini ses études, Marinette a décidé de vivre à Paris, et elle a suivi des cours pour entrer dans un institut de beauté.

– Et le fiancé?

– Elle a été réellement fiancée. Le garçon, qui s'appelle Jean-Claude, est le fils d'un riche homme d'affaires. Marinette l'a présenté à son frère.

Comme souvent, dans une affaire criminelle, Maigret se trouva en face de gens normaux, et il se demanda pourquoi et comment ils avaient été mêlés à un drame.

– Je n'en désire pas moins *mettre la main sur* Marinette

---

renseignement, information
mettre la main sur, ici : arrêter

le plus tôt possible. Son frère l'a vue ces derniers temps?

– La semaine dernière. Elle passait souvent le dimanche chez lui.

– Elle n'a parlé de rien?

– Elle a dit, par hasard, qu'elle avait rencontré un type étonnant et que, bientôt, elle aurait une histoire extraordinaire à leur raconter.

– Veux-tu voir à quelle heure, la nuit dernière, il y avait un train pour Grenoble?

Cela ne donna rien. En prenant le premier train, Marinette aurait pu être maintenant chez ses parents. Ni son père, qu'on finit par atteindre au lycée, ni sa mère, ne l'avaient vue.

Quand il eut raccroché, le commissaire se tourna vers Janvier.

«Bon! Maintenant il ne reste plus qu'aller voir Jean-Claude pour essayer de savoir où ils avaient l'habitude de se rendre ensemble le dimanche.»

Mœrs, dans le bureau voisin, attendait son tour.

– L'expert est d'accord, patron. Il s'agit bien d'une arme de calibre 7,63.

– Les empreintes?

– Je me demande ce que vous en penserez. On retrouve celles de l'inspecteur Lognon un peu partout dans le salon. Il s'est servi de la cafetière, du verre et de la tasse. Quant à la bouteille de cognac, elle porte à la fois les empreintes de l'inspecteur et celles de la fille.

– La chambre?

– Aucune trace de Lognon. Il semble être resté assez longtemps assis dans le fauteuil qui se trouve devant une des portes-fenêtres. A un moment donné, il a ouvert cette porte, et on a trouvé un de ses mégots sur le balcon. Vous souriez? . . .

Tout ne portait-il pas à penser que Lognon, que sa femme avait réduit à l'*esclavage,* s'était offert, enfin, une petite aventure, et qu'il se consolait avenue Junot?

– Je souris, mon vieux Mœrs, à l'idée que ses collègues le prennent soudain pour un Don Juan. Je jurerais, vois-tu, qu'il n'y avait rien entre eux et je le regrette presque pour lui. Il passait ses soirées dans le salon, le plus souvent près de la fenêtre, et la jeune Marinette avait assez de confiance en lui pour aller se coucher malgré sa présence. Tu n'as rien trouvé d'autre?

– Un peu de sable, dans les *chaussures* de la jeune fille, des chaussures qu'elle devait porter à la campagne. C'est du sable de *rivière* . . .

– Tiens-moi au courant. Quelqu'un m'attend-il encore à côté?

– L'inspecteur Chinquier du XVIIIe.

– Faites-le entrer.

«Alors, Chinquier?»

– Je n'en ai pas fini avec la rue et mes hommes continuent à interroger les voisins. J'ai commencé par les locataires de la maison d'où sortait le pauvre Lognon . . .

Il tirait de sa poche un carnet dont plusieurs pages étaient couvertes de noms et d'écriture, et commençait son récit.

Maigret, les yeux *mi-clos,* écoutait, en fumant sa pipe, le rapport de l'inspecteur.

Chinquier parlait d'un certain Maclet, qui occupait le

---

esclavage, le fait d'être soumis à la volonté de qn
chaussure, voir illustration page 30
rivière, cours d'eau
mi-clos, à moitié fermé

second étage de la maison voisine. C'était un *vieillard,* qui ne sortait jamais et qui, par ses fenêtres, se contentait de jeter sur le monde un regard ironique.

«Il ne peut presque pas marcher. Il n'a pas la radio, ne lit pas les journaux. La concierge prétend qu'il est riche, bien qu'il vive presque misérablement, et qu'il est un peu fou.»

– Il est vraiment fou?

– Vous allez voir. J'ai eu toutes les peines du monde à obtenir qu'il m'ouvre sa porte. Quand il s'est enfin décidé, il m'a longuement examiné de la tête aux pieds en soupirant :

«– Vous êtes un peu jeune pour être inspecteur de police, non?»

– Il vous a appris du nouveau?

– Il m'a surtout parlé du Hollandais d'en face. Il s'agit de la maison que nous avons vue ce matin du balcon, le petit hôtel particulier dont le second étage est vitré comme un atelier d'artiste. La maison a été construite, il y a quinze ans, par un certain Norris Jonker, qui a aujourd'hui soixante-quatre ans, et dont la femme, très jolie, paraît-il, est beaucoup plus jeune que lui.

Maigret regrettait de n'avoir pas pu faire ce travail en personne. Il aurait aimé rencontrer ce vieux *misanthrope,* qui passait son temps à observer les gens d'en face.

«Il est devenu *bavard,* tout à coup, et comme il sautait d'une idée à l'autre, j'ai peur de ne pas vous répéter tout ce qu'il m'a dit.

«J'ai vu, plus tard, le Hollandais, et il vaut mieux que

---

vieillard, homme très âgé
misanthrope, qui fuit la société des hommes
bavard, qui parle beaucoup

je vous en parle tout de suite. C'est un homme agréable, élégant, cultivé, qui appartient à une famille très connue et très riche de Hollande. Il paraît qu'il possède une des plus belles *collections* de tableaux de Paris.»

– Un instant! Vous avez sonné à la porte. Qui vous a ouvert?

– Un *valet de chambre* très blond, assez jeune.

– Vous avez annoncé que vous étiez de la police?

– Oui. Il n'a pas paru surpris et m'a fait pénétrer dans l'entrée où j'ai attendu dix minutes. Je ne m'y connais pas en tableaux, mais j'ai lu les signatures de gens dont j'ai quand même entendu parler : Gauguin, Cézanne, Renoir . . . Beaucoup de femmes nues.

«M. Jonker m'accueillit, dans sa *bibliothèque*.

«– Asseyez-vous. Je vous écoute, m'a-t-il dit sans le moindre accent.

«J'avoue que je ne savais par où commencer. Je lui ai demandé s'il avait entendu les coups de feu et il m'a répondu que non, que sa chambre *donnait sur* l'autre face de la maison, et que les murs épais ne laissaient guère pénétrer les bruits.

«Vous devez pourtant être au courant de ce qui s'est passé la nuit dernière en face de chez vous?

«– Carl m'en a parlé en m'apportant mon petit déjeuner vers dix heures. Il m'a dit que l'avenue Junot était très agitée parce qu'un policier avait été attaqué par des gangsters.»

---

collection, ensemble d'objets de même nature que l'on conserve parce qu'ils sont rares ou beaux
valet de chambre, personne attachée au service du maître de maison
bibliothèque, ici : pièce de la maison où l'on garde ses livres
donner sur, qui est du côté de; ouvrir sur

– Quel air avait-il ? demanda Maigret.

– Calme, souriant, très *poli* pour un homme qu'on vient déranger.

«– Si vous voulez interroger Carl, je le mets à votre disposition, mais il couche, lui aussi, du côté du jardin et il m'a affirmé qu'il n'avait rien entendu non plus.

«– Vous êtes marié, monsieur Jonker ?

«– Certainement. Ma femme a été désagréablement surprise en apprenant ce qui s'était passé à quelques mètres de chez nous.»

A ce point de son récit, Chinquier marqua un léger trouble.

«J'ignore si j'ai eu raison, monsieur le commissaire. J'aurais aimé lui poser beaucoup d'autres questions. Je n'ai pas osé, me disant qu'il était plus *urgent* de vous mettre au courant.

– Revenons donc au vieillard.

– Justement. C'est à cause de lui que j'aurais voulu parler de certaines choses au Hollandais. Une des premières phrases de Maclet, en effet, a été :

– Que feriez-vous, inspecteur, si vous aviez une des plus belles femmes de Paris ? Ha ! Ha ! Vous ne répondez pas . . . Et vous êtes loin d'avoir soixante-quatre ans. Bon ! Posons la question autrement. Que fait un homme de cet âge qui dispose à toute heure d'une femme magnifique ?

«Eh bien ! le monsieur d'en face doit avoir des idées particulières sur ce sujet. Je dors peu. Alors, je m'amuse à penser. Vous comprenez ? Je regarde par la fenêtre et je pense . . .

---

poli, qui se conduit bien avec les gens
urgent, qui doit se faire sans retard

« Par exemple à ce Hollandais et à sa femme. Ils sortent peu, une fois ou deux par semaine, rentrent rarement après une heure du matin, ce qui signifie qu'ils se contentent de dîner chez des amis ou d'aller au théâtre. Et ils ne reçoivent jamais à dîner chez eux.

« Vous voyez. On *se distrait* comme on peut. On observe. On devine. On met ses petites idées bout à bout. Alors, quand, deux ou trois fois par semaine, on voit une jolie fille sonner à la porte, vers huit heures du soir, et ne repartir que très tard dans la nuit . . . Et ce n'est jamais la même jeune personne. Elles arrivent le plus souvent en taxi, quelquefois à pied. De ma fenêtre, je les vois regarder le numéro des maisons, ce qui a un sens aussi, n'est-ce pas votre avis? Cela signifie que quelqu'un leur a fixé rendez-vous à cette adresse . . .

« Enfin, je n'ai pas toujours été le vieil animal malade qui s'enferme et je connais assez bien les femmes. Je reconnais tout de suite les femmes pour qui l'amour est une profession . . . »

Maigret s'était levé.

– Dites donc, Chinquier, vous avez compris?

– Compris quoi?

– Comment cela a commencé pour Lognon. Il passait souvent, la nuit, avenue Junot, dont il connaissait la plupart des habitants. Si, plusieurs fois, il a vu les femmes en question entrer dans la maison du Hollandais . . .

– J'y ai pensé aussi. Mais aucune loi n'interdit à un homme, même d'un certain âge, d'aimer le changement.

Ce n'était pas une raison suffisante, en effet, pour que Lognon cherche et trouve le moyen d'observer sans être vu l'hôtel particulier.

---

se distraire, s'occuper agréablement

– Que vous a encore appris votre sympathique vieillard?

– Je lui ai posé toutes les questions qui me passaient par la tête. J'ai noté ses réponses.

Chinquier regardait de nouveau son carnet.

«Question : Ces femmes ne venaient-elles pas pour le *domestique?*

«Réponse : Tout d'abord, le valet de chambre est amoureux d'une fille qui travaille dans la boutique au coin de la rue. Ils se voient plusieurs soirs par semaine, toujours vers dix heures. Ils se promènent le long de la rue en se tenant par la taille et s'arrêtent pour s'embrasser. De plus, plusieurs fois, les femmes dont je vous ai parlé, ont sonné à la porte en son absence.

«Question : Qui leur a ouvert?

«Réponse : Justement! Encore une chose *bizarre.* C'était tantôt le Hollandais et tantôt sa femme.

«Question : D'autres domestiques vivent dans la maison?

«Réponse : Une *cuisinière* et deux femmes de chambre. Les femmes de chambre changent souvent.

«Question : Ils reçoivent beaucoup de visites, en dehors des dames en question?

«Réponse : Quelques-unes. Celui qui vient le plus souvent, dans l'après-midi, est un homme d'une quarantaine d'années, de type américain, qui conduit une voiture de sport jaune.

«Question : Il reste longtemps?

«Réponse : Une heure ou deux.

---

domestique, personne attachée au service d'une maison; ici : le valet de chambre
bizarre, qui étonne; qui n'est pas normal
cuisinière, personne qui prépare les repas

«Question : Il ne vient jamais le soir ou la nuit?

«Réponse : Cela lui est arrivé deux fois, il y a un mois environ, de venir dans la soirée, vers dix heures, en compagnie d'une jeune femme. Il n'a fait qu'entrer et sortir, laissant sa compagne dans la maison.

«Question : C'était la même les deux fois?

«Reponse : Non.

«Il y a aussi un homme *chauve* et pourtant encore jeune qui arrive en taxi, la nuit tombée, et repart avec des *paquets*.

«Question : Quel genre de paquets?

«Réponse : Cela pourrait être des tableaux... Voilà à peu près tout ce que je sais, monsieur l'inspecteur. Il y a des années qu'il ne m'est pas arrivé de tant parler et j'espère ne pas être obligé de recommencer avant longtemps.

«En sortant plus tard de la maison du Hollandais, je me demandais si le vieillard ne s'était pas moqué de moi. Pour *vérifier,* je me suis rendu à la boutique du coin, où j'ai parlé à la jeune fille qui m'avouait bien connaître un nommé Carl, et le rencontrer plusieurs fois par semaine avenue Junot. Cela prouve que Maclet n'a rien inventé.»

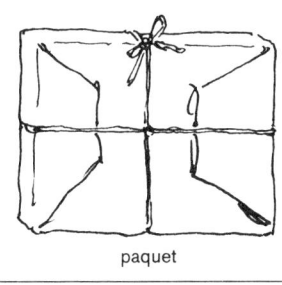

paquet

---

chauve, qui n'a pas de cheveux
vérifier, s'assurer qu'une chose est telle qu'on l'a déclarée

Maigret avait l'air content du travail de l'inspecteur, qui connaissait bien son métier.

– Il y a une chose que j'aimerais que vous fassiez, Chinquier. Quand vos hommes seront rentrés, qu'ils s'occupent tous des femmes qui venaient avenue Junot. Certaines, m'avez-vous dit, sont venues à pied, de sorte qu'elles sont peut-être du quartier. Vérifiez tous les bars et les *boîtes de nuits*. Vous voyez ce que je veux dire? On finira peut-être par en trouver une qui soit allée avenue Junot . . .

Sans doute aurait-il été plus intéressant de retrouver Marinette Augier. Est-ce que Mœrs et les gens du laboratoire, avec leurs *échantillons* de sable, le mettraient enfin sur une piste?

Questions

1. Que pensez-vous de Marinette d'après ce que dit son frère?

2. Pourquoi Chinquier rend-il visite au Hollandais?

3. Quel genre de vie semble mener Jonker?

4. Décrivez le personnage de Maclet.

5. Vous paraît-il sympathique?

6. Qu'apprend-il à l'inspecteur?

---

boîte de nuit, endroit où l'on s'amuse, danse et boit, la nuit
échantillon, petite quantité d'un produit qui permet d'en connaître les qualités

4

– Allô! Monsieur Manessi? Ici, Maigret . . .

Le commissaire appela au téléphone un ami, qui était *commissaire-priseur*.

– Oui . . . Je vous écoute. Vous voilà dans les tableaux?

– Je n'en sais rien. Connaissez-vous un Hollandais du nom de Norris Jonker?

– Celui qui habite avenue Junot? Non seulement je le connais, mais il m'est arrivé d'*expertiser* des toiles pour son compte. Il possède une des plus belles collections de tableaux de Paris.

– Vous l'avez rencontré personnellement?

– Oui. Et vous?

– Pas encore.

– Il ressemble plus à un gentleman anglais qu'à un Hollandais. Il a vécu longtemps en Angleterre.

– Sa femme?

– Une très belle femme qui, jeune, a été mariée à un Anglais de Manchester. Mais je me demande pourquoi vous vous intéressez à Jonker. J'espère qu'il n'a pas été victime d'un *vol* de tableaux?

– Non. Mais à votre avis, c'est un homme à qui on peut se fier?

---

commissaire-priseur, personne chargée de vendre des tableaux ou des objets d'art en vente publique
expertiser, donner un avis sur la valeur d'un tableau ou d'un objet d'art
vol, le fait de prendre qc qui ne vous appartient pas sans le payer

– Sans aucun doute.

– Je vous remercie.

Maigret se leva sans enthousiasme pour aller prendre son manteau et son chapeau dans le placard.

Une demi-heure plus tard, un taxi le déposait devant l'hôtel particulier avenue Junot. Il remit sa carte au valet de chambre qui le fit attendre cinq minutes dans l'entrée avant de revenir.

– Si vous voulez me suivre . . .

Carl le précéda à travers le salon et lui ouvrit la porte de la bibliothèque. Assis devant un bureau Empire, le Hollandais se leva et, ni surpris, ni ému, il prononça :

– Monsieur Maigret?

Il lui désignait un fauteuil de l'autre côté du bureau, et reprenait sa place.

«C'est un honneur pour moi de rencontrer un homme aussi *célèbre* que vous . . .

Il parlait lentement, comme s'il pensait en hollandais et devait *traduire* chaque mot.

«Je suis un peu surpris aussi de recevoir, pour la deuxième fois, la visite de la police . . .»

Maigret commença, un peu gêné :

– L'inspecteur Chinquier m'a dit qu'il était venu vous voir. C'est un inspecteur de quartier et il n'appartient pas aux services généraux.

– Dois-je comprendre que vous devez vérifier son rapport?

– Pas exactement. Mais peut-être n'a-t-il pas posé toutes les questions qu'il aurait dû poser.

---

célèbre, que tout le monde connaît
traduire, exprimer ce qu'on lit, pense ou écrit dans une autre langue

Le Hollandais regarda Maigret dans les yeux. Il attendit un peu avant de dire :

– Ecoutez-moi, monsieur Maigret. J'ai soixante-quatre ans et j'ai vécu dans beaucoup de pays. Voilà longtemps que je suis fixé en France, où je me sens si bien que j'y ai construit ma maison. Je n'ai jamais eu à faire avec la police. Il paraît que des coups de feu ont été tirés la nuit dernière dans la rue, en face de chez moi. Comme je l'ai déclaré à l'inspecteur, ni moi ni ma femme n'avons rien entendu, nos chambres se trouvant de l'autre côté de la maison.

Le Hollandais souriait, tendait la main vers une *boîte* de cigares, en offrait un à Maigret.

– Non merci, je préfère la pipe.
– Ne vous gênez pas.

Lui-même choisissait un cigare et l'allumait lentement.

– Une question, si vous le permettez. Dois-je comprendre que je suis le seul, dans l'avenue Junot, à avoir l'honneur de votre visite?

Maigret, lui aussi, se mettait à chercher ses mots.

– Vous n'êtes pas le premier, dans la rue, à qui je pose des questions. Mes inspecteurs vont de maison à maison mais, pour vous, j'ai cru devoir me déranger...

boîte

L'autre eut l'air de remercier de la tête, mais il n'en croyait rien.

– J'essayerai donc de vous répondre, s'il ne s'agit pas d'une *intrusion* dans ma vie privée.

– Lorsqu'un crime est commis, monsieur Jonker, dans ce quartier ou dans un autre, il y a toujours des voisins pour se souvenir de détails qui ne les avaient pas frappés.

– Je crois que vous appelez ça des *ragots,* n'est-ce pas?

– Si vous voulez. Mais c'est de notre devoir de les vérifier car il arrive que certains nous mettent sur une piste sérieuse.

– Voyons donc ces ragots.

Mais le commissaire n'avait pas l'intention d'aller droit au but. Il était encore incapable de décider s'il avait en face de lui un brave homme ou si, au contraire, c'était quelqu'un de très fort qui jouait la comédie.

– Vous êtes marié, monsieur Jonker?

– Cela vous étonne?

– Non. On m'a affirmé que Mme Jonker est une très belle femme.

– Ma femme n'a que trente-quatre ans, ce qui donne exactement trente ans de différence entre nous. Croyez-vous que nous soyons les seuls dans notre cas, à Paris ou ailleurs?

– Mme Jonker est d'origine française?

– Je constate que vous vous êtes renseigné. Elle est née à Nice, oui, mais c'est à Londres que j'ai fait sa connaissance.

---

intrusion, le fait de s'introduire quelque part sans en avoir le droit
ragot, paroles méchantes à propos de qn ou qc

– Elle a été mariée une première fois?

Jonker laissa paraître une certaine mauvaise humeur, qui pouvait être celle d'un gentleman choqué qu'on pénètre dans sa vie privée et surtout qu'on parle de sa femme.

– Elle a été Mrs. Muir avant d'être Mme Jonker, dit-il d'un ton sec.

– Vous sortez assez peu pour un homme de votre condition.

– Me le reprochez-vous? J'ai passé une grande partie de ma vie à sortir, que ce soit ici, à Londres, aux Etats-Unis ou ailleurs. Lorsque vous aurez mon âge . . .

– Je n'en suis pas si loin . . .

– Lorsque vous aurez mon âge, dis-je, vous préférerez probablement votre maison aux soirées *mondaines* et aux boîtes de nuits.

– Je vous comprends d'autant mieux que vous devez être très amoureux de Mme Jonker . . .

Cette fois, le Hollandais ne répondit que par un mouvement de la tête.

Le moment délicat, que Maigret avait reculé le plus possible, approchait.

«Vous avez employé le mot ragots et je suis prêt à croire, si vous me l'affirmez, que certaines informations que nous avons reçues appartiennent à cette catégorie . . .»

La main de Jonker ne tremblait–elle pas légèrement?

– Voulez-vous un whisky?

Sans attendre la réponse, il sonnait Carl qui apparut aussitôt.

«Du whisky, s'il vous plaît.

Carl leur servit deux verres et se préparait à partir.

---

mondain, de la bonne société

«Merci, Carl . . . Avez-vous annoncé à madame que je suis occupé? Elle est toujours là-haut?»

– Oui, monsieur.

– Et maintenant, monsieur, je bois à votre santé et j'attends les ragots annoncés . . .

– Je ne sais pas ce qu'il en est en Hollande mais, à Paris, de nombreuses personnes, de vieilles gens surtout, passent une bonne partie du temps à leur fenêtre. Il nous a été ainsi rapporté que, deux ou trois fois par semaine, de jeunes femmes sonnent, le soir, à votre porte, et sont introduites dans la maison . . .

Les oreilles du Hollandais étaient soudain devenues rouges et il ne répondit pas.

«J'aurais pu croire qu'il s'agissait d'amies de Mme Jonker si ces personnes n'appartenaient à un milieu particulier . . .

Il était rare qu'il choisisse ses mots avec autant de soin. Il était rare aussi qu'il se sente aussi mal à l'aise.

«*Niez*-vous que ces visites aient eu lieu?»

– C'est exact.

– Si je me trompe, veuillez m'arrêter. J'ai d'abord pensé que ces demoiselles venaient pour votre valet de chambre; puis j'ai appris que celui-ci a une petite amie et qu'il lui arrive de se trouver dehors avec elle lors des visites en question et que, souvent, c'est vous qui leur ouvrez la porte. Selon mes renseignements, Mme Jonker aussi les a introduites plusieurs fois dans la maison . . .

– Nous sommes bien *surveillés,* n'est-ce pas? Voulez-

---

nier, dire que qc n'existe pas
surveiller, observer qn pour savoir ce qu'il fait

vous me dire maintenant quel rapport vous établissez entre ces visites et les coups de feu tirés dans la rue? Car je me refuse à penser que je suis personnellement en cause . . .

– Il n'en est pas question. La façon dont s'est produit le drame la nuit dernière me donne à penser que celui qui a tiré était un professionnel.

– Et vous croyez que je connais ces gens-là?

– Non, mais je vais faire une supposition. Vous passez pour un homme très riche, monsieur Jonker. Cette maison contient plus d'œuvres d'art que beaucoup de musées et leur valeur est sans doute *inestimable*. N'avez-vous jamais été l'objet d'une *tentative* de *cambriolage?*

– Pas à ma connaissance.

– Vous êtes sûr de vos domestiques?

– Oui. Mais, vous ne m'avez toujours pas expliqué le rapport entre mes visiteuses et . . .

– J'y arrive. Supposez qu'une bande de voleurs de tableaux ait projeté un cambriolage chez vous. Supposez qu'un inspecteur du quartier en ait entendu parler, mais d'une façon trop peu précise pour agir directement. Supposez que, la nuit dernière, comme les nuits précédentes, cet inspecteur ait attendu en face de cette maison afin de prendre les voleurs en *flagrant délit*.

«Les bandes qui *se spécialisent* dans les œuvres d'art sont en général composées de gens intelligents, qui n'agissent pas

---

inestimable, d'une valeur trop grande pour qu'on puisse fixer son prix
tentative, action par laquelle on essaie de faire réussir une chose
cambriolage, le fait de voler des objets dans une maison où l'on pénètre de force
flagrant délit, sur le fait
se spécialiser, ne s'intéresser qu'à une sorte de chose

sans se renseigner. Puisque vous êtes sûr de vos domestiques, il me reste à penser qu'une de ces demoiselles . . .»

Jonker croyait-il ce que lui disait le commissaire ou sentait-il un *piège?* C'était impossible à savoir.

– Etes-vous venu me demander la liste, noms, adresses et numéros de téléphone de celles qui sont venues ici?

Son ironie devenait amère.

– Ce ne serait peut-être pas inutile, mais j'aimerais savoir surtout ce qu'elles venaient faire dans votre maison.

Ouf! Il était presque au bout. Jonker, immobile, son cigare éteint entre les doigts, le regardait toujours bien en face.

– Bien! fit-il en se levant.

«Je vous avais annoncé, au début de cette conversation, que je répondrais à toutes vos questions, à condition qu'elles ne touchent pas à ma vie privée. Vous vous y êtes pris avec beaucoup d'adresse, et je vous en félicite, pour amener cette vie privée dans vos questions tout en la liant aux événements de la nuit.

Il s'arrêtait devant Maigret qui s'était levé à son tour.

«Il y a longtemps, je pense, que vous appartenez à la police?»

– Vingt-huit ans.

– Est-ce donc la première fois que vous voyez un homme de mon âge et dans ma situation se laisser aller à la satisfaction de certains instincts? Paris ne passe pas pour une ville *puritaine,* monsieur Maigret, beaucoup

---

piège, objet destiné à attraper les animaux; (ici : fig.)
puritain, très exigeant sur le plan de la morale

d'étrangers viennent ici à cause de la liberté dans ce domaine . . .

– Puis-je savoir si Mme Jonker . . .

– Mme Jonker connaît la vie. Elle n'ignore pas que certains hommes de mon âge ont besoin de changement. Vous m'avez obligé à parler de choses très intimes et j'espère que vous êtes à présent satisfait . . .

Il semblait considérer la conversation comme terminée, cela se voyait à la façon dont il regardait la porte.

Maigret, pourtant, lui dit à mi-voix :

– J'aimerais visiter votre maison, car vous oubliez que je suis parti de l'idée que vous étiez une victime de vol . . .

– Et vous désirez me protéger?

– Peut-être.

– Venez donc. Vous avez vu cette pièce, où je me tiens une bonne partie de la journée. Dois-je vous ouvrir les *tiroirs?*

– Non.

– Je vous signale que celui de droite contient un *pistolet* que j'ai rapporté de la guerre. Il est chargé.

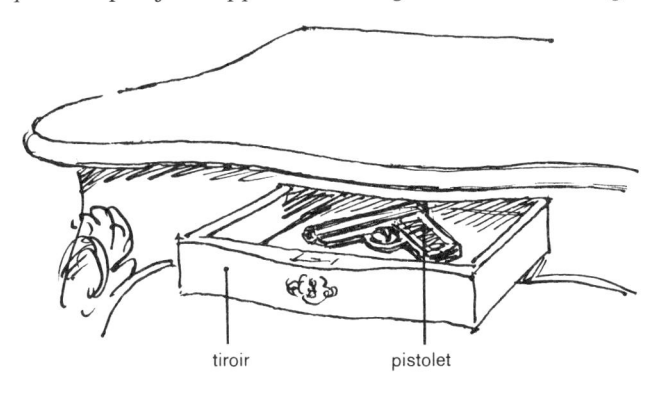

J'en ai un autre dans ma chambre à coucher, que je vous montrerai plus tard . . .

«Voici le salon. Vous n'êtes pas venu pour admirer les tableaux, mais regardez cependant ce Gauguin qui est considéré comme un des plus beaux de ce peintre.

«Par ici . . . Nous voici dans la salle à manger. La cuisine est au *sous-sol.*

«Montons maintenant . . . Ici, mon appartement . . .

Il ouvrait les portes.

«Un bureau encore, vous voyez, comme au *rez-de-chaussée.* J'aime les livres et ils me sont très utiles. Ces *classeurs,* à gauche, contiennent l'histoire de quelques milliers de tableaux, avec le nom de leurs *propriétaires* et les prix qu'ils ont été payés à chaque vente.

«Ma chambre . . . Dans la table de nuit, le pistolet annoncé.

«Ma salle de bains . . . Voyons maintenant l'appartement de ma femme, mais permettez-moi de m'assurer qu'elle n'est pas chez elle . . .

Il frappa, ouvrit la porte, fit quelques pas.

«Vous pouvez me suivre . . . Son *boudoir* . . . La chambre . . . La salle de bains . . .

«Montons encore . . . Vous avez le droit de tout voir, n'est-il pas vrai?

Il ouvrait encore une porte.

«La chambre de Carl . . . Et, plus loin, sa salle de bains . . .

---

sous-sol, partie d'une maison, située au-dessous du niveau du sol
rez-de-chaussée, partie de la maison qui est au niveau du sol
classeur, sorte de tiroir où l'on range des papiers
propriétaire, personne à qui une chose appartient
boudoir, tout petit salon de femme

Il frappa à la porte d'en face.

«Tu permets, *chérie?* Je fais visiter la maison au commissaire Maigret . . .»

Maigret venait de recevoir un choc. Au milieu de l'*atelier* vitré, debout devant un *chevalet,* se dressait une silhouette blanche qui lui rappela le mot de Lognon:

«Le fantôme . . .»

Ce n'était pas un vêtement de peintre comme on en voit d'habitude que portait Mme Jonker. Cela ressemblait davantage à une vaste robe. En outre, elle portait autour de la tête un *turban* blanc.

Elle avait une *palette* à la main gauche, un *pinceau* dans la droite et ses yeux noirs se posaient avec curiosité sur le commissaire.

– J'ai souvent entendu parler de vous, monsieur Maigret, et je suis heureuse de vous connaître. Excusez-moi si je ne vous serre pas la main . . .

Elle posa son pinceau et s'essuya sur le vêtement blanc.

«J'espère que vous n'êtes pas connaisseur en *peinture* . . . Si vous l'êtes, je vous supplie de ne pas regarder ce que je fais . . .»

C'était *inattendu,* après être passé devant tant de *chefs-d'œuvre* sur les murs de la maison, de se trouver devant une toile où l'on ne voyait que des *taches informes.*

---

chéri, bien-aimé
atelier, ici : pièce où travaille un artiste
chevalet, turban, palette, pinceau, peinture, tache, voir illustration pages 58 et 59
inattendu, ce à quoi on ne s'attend pas
chef-d'œuvre, ouvrage qui est mieux réussi que les autres
informe, sans forme

Questions

1. Comment Maigret est-il reçu par Jonker?
2. Quand Jonker commence-t-il à changer d'attitude vis-à-vis de Maigret?

3. Pourquoi Maigret veut-il visiter la maison?

4. Maigret s'attend-il à ce qu'il voit dans l'atelier?

5. Que lui rappelle la vue de Mme Jonker?

5

Il se passa à cet instant-là quelque chose que Maigret aurait été incapable d'expliquer, un changement de ton qui donnait soudain plus de poids aux gestes, aux mots, aux attitudes. Cela tenait-il à la présence de la jeune femme, toujours vêtue de son étrange costume, ou à l'atmosphère de la pièce?

Dans une immense cheminée des *bûches* brûlaient vivement.

Le commissaire comprenait à présent pourquoi les rideaux de l'atelier qu'on voyait des fenêtres de Marinette Augier étaient presque toujours tirés. Cet atelier n'était pas seulement vitré d'un côté, mais de deux, ce qui permettait de choisir la lumière désirée. Ces rideaux avaient *rétréci* au *lavage* de sorte qu'ils ne joignaient plus.

D'un côté, on découvrait les toits jusqu'à Saint-Ouen; de l'autre, Paris presque entier, avec ses grands boulevards.

Ce n'était pas ce *panorama* qui intéressait Maigret. Tout le frappait à la fois, les deux murs nus, par exemple, avec les *flammes* vivantes de la cheminée au milieu des deux.

Mme Jonker était occupée à peindre au moment où les deux hommes étaient entrés. N'aurait-il pas dû y avoir des toiles sur ces murs? Et aussi, comme dans tous les ateliers d'artistes, d'autres toiles rangées les unes contre les autres? Or, le sol était aussi nu que les murs.

---

bûche, panorama, flamme, voir illustration pages 58 et 59
rétrécir, devenir plus petit
lavage, mettre qc dans l'eau pour le rendre propre

Près du chevalet, une petite table supportait une boîte pleine de tubes de couleurs. Sur une autre table, plus loin, on voyait d'autres boîtes, des bouteilles et des *chiffons*.

Comme meubles, il n'y avait que deux placards, une chaise et un fauteuil.

Ce qu'il y avait d'anormal, il ne pouvait le dire, mais il le sentait, et la phrase prononcée par le Hollandais ne le frappa que davantage. Il disait à sa femme :

– Le commissaire n'est pas ici pour admirer mes tableaux mais, si étrange que cela paraisse, pour étudier la *jalousie*. Il semble surpris que toutes les femmes ne soient pas jalouses . . .

Cela aurait pu passer pour une remarque sans importance. Pour Maigret, c'était un avertissement que Jonker lançait à sa femme, et il aurait juré que celle-ci, d'un signe des yeux, montrait qu'elle avait compris.

– Je vous en prie, murmurait-il, n'abandonnez pas votre travail à cause de moi . . .

Car elle posait la palette sur la table, retirait son turban.

– Tu es fatiguée, chérie? Tu as envie d'aller te reposer?

Un nouveau signe? Un ordre?

Elle enlevait le vêtement blanc qui l'enveloppait et parut dans une robe noire très près du corps.

– Il y a longtemps que vous peignez, madame?

– Je ne sais pas . . . Plusieurs mois . . .

– C'est pour vous que votre mari a construit ce merveilleux atelier?

---

chiffon, vieux morceau de toile utilisé pour essuyer ce qui n'est pas propre
jalousie, sentiment que l'on a vis-à-vis de qn qu'on aime et en qui on n'a pas tout à fait confiance

– Oh! non . . . Quand il a bâti cette maison, il ne me connaissait pas. Il avait une amie très chère qui, elle, était un vrai peintre.

– Vous passez une partie de vos journées dans cet atelier?

– Oh! Je suis *paresseuse* . . . Je me lève tard . . . Je traîne . . .

– Ce que j'ignorais, c'est qu'on puisse peindre la nuit . . .

Cette fois, il était sûr que les Jonker, mari et femme, avaient échangé un coup d'œil. Le Hollandais répondit le premier.

– Cela n'arrivait peut-être pas aux *impressionnistes* amoureux des jeux du soleil, mais je connais des modernes qui préfèrent la lumière *artificielle.*

– C'est pour cela, madame, que vous peignez le soir, jusqu'à deux heures du matin? . . .

Elle s'efforçait de sourire.

– On ne peut vraiment rien vous cacher . . .

Il désignait le rideau noir, devant la fenêtre qui donnait sur l'avenue Junot.

– Ce rideau, vous le voyez, ne ferme plus tout à fait. J'ai remarqué qu'il existe, dans chaque rue, au moins une personne souffrant d'*insomnie*. Certains lisent, ou écoutent de la musique. Les autres regardent par la fenêtre . . .

Jonker, maintenant, laissait parler sa femme, comme s'il n'était plus sur son terrain et il alla se mettre devant le panorama de Paris.

---

paresseux, personne qui n'aime pas travailler
impressionniste, désigne certains peintres du XIXe siècle
artificiel, qui n'est pas naturel; ici : fourni par des lampes
insomnie, le fait de ne pas pouvoir dormir

«Vos toiles sont dans ces placards?»

– Non . . . Vous désirez vous en assurer? . . .

Elle ouvrait un des placards, qui contenait du papier, des tubes de couleurs, le tout *en désordre*.

Dans le second placard, il n'y avait rien, que trois toiles blanches.

«Vous êtes déçu? Vous espériez trouver un *squelette?*»

– Il faut longtemps pour faire un squelette, répondit-il, d'un air grave. Pour le moment, Lognon est encore sur un lit d'hôpital . . .

– De qui parlez-vous, qui a un si drôle de nom?

– Un inspecteur . . .

– Celui qui a été attaqué cette nuit?

– Etes-vous sûre, madame, que vous étiez dans votre chambre au moment des coups de feu?

– Je crois, monsieur Maigret, interrompit Jonker, que cette fois, vous allez trop loin . . .

– Dans ce cas, répondez-moi vous-même. Mme Jonker consacre une partie de son temps à la peinture,

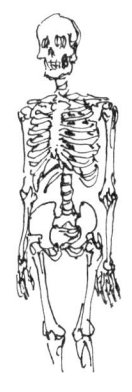

squelette

---

en désordre, sans ordre; pas rangé

en particulier de nombreuses soirées qui se terminent souvent tard. Or, je la trouve dans un atelier à peu près vide. Que faites-vous de vos œuvres, madame?

Le signe qu'elle adressait à son mari ne signifiait-il pas qu'elle lui laissait le soin de répondre?

– Mirella . . . euh! . . . ma femme ne prétend pas être peintre. La plupart du temps, elle détruit ses œuvres dès qu'elles sont terminées.

– Prétendez-vous qu'elle jette le *châssis* aussi? Car il n'y a que trois châssis dans ce placard, neufs tous les trois . . .

– Ma femme donne parfois à des amis des toiles dont elle est assez contente.

– Ce sont celles-là que quelqu'un vient chercher le soir?

– Le soir ou pendant la journée.

– S'il s'agit des œuvres de votre femme, elles sont plus nombreuses qu'elle me l'a donné à penser . . .

– Il y en a d'autres . . .

– Vous avez encore besoin de moi? demanda Mme Jonker. Vous ne désirez pas que nous descendions et que je vous fasse servir une tasse de thé?

– Pas tout de suite, madame. Votre mari a bien voulu me montrer la maison, il ne m'a pas montré ce qui se trouve derrière cette porte . . .

Une porte lourde, au fond de l'atelier.

«Qui sait? Nous allons peut-être trouver enfin quelques-unes de vos œuvres?»

Il y eut un silence, puis les voix devinrent plus sèches.

– Je crains bien que non, monsieur Maigret.

---

châssis, morceau de bois sur lequel est tendue une toile destinée à être un tableau

– Pourquoi en êtes-vous si sûr?

– Parce que depuis des mois, sinon des années, cette porte n'a pas été ouverte. C'était autrefois la chambre de la personne dont ma femme vous a parlé.

– Et vous la conservez comme un *sanctuaire?* Après tant d'années?

Il attaquait exprès, pour mettre l'*adversaire* hors de lui.

Les *poings* du Hollandais s'étaient serrés, mais il gardait son calme.

– J'ignore combien de pièces comporte votre appartement, monsieur Maigret. Cette maison en compte trente-deux. Qu'une clé se perde n'étonnera personne.

– Et vous n'en avez pas fait faire d'autre?

– Je n'y ai pas pensé.

– Vous permettez que je me serve de ce téléphone?

– Quelle est votre intention?

– D'appeler un *serrurier.*

Le mari et la femme se regardèrent une fois de plus. Ce fut Mirella qui se dirigea vers le placard, tendit le bras, passa la main au-dessus du meuble et, quand elle la retira, elle tenait une clé.

«Voyez-vous, monsieur Jonker, un détail m'a frappé, ou plutôt deux. La porte de cet atelier comporte un *verrou,* mais, contrairement à l'habitude, ce verrou est posé à l'extérieur. Tout à l'heure, tandis que vous me parliez, j'ai remarqué qu'il en est de même de cette porte.»

– Libre à vous de vous étonner, monsieur Maigret, ce que vous ne cessez de faire depuis votre entrée dans la

---

sanctuaire, lieu saint
adversaire, celui contre lequel on se bat
poing, main fermée
serrurier, homme qui ouvre les portes fermées à clé
verrou, voir illustration page 66

maison. Votre genre de vie et le nôtre sont trop différents pour que vous puissiez comprendre ...

– J'essaie, vous voyez ...

Il prenait la clé que Mme Jonker lui tendait et se dirigeait vers la porte fermée qu'il ouvrait.

«Depuis combien de temps m'avez-vous dit que cette porte n'a pas été ouverte?»

– Peu importe.

– Vous remarquerez d'abord que ce sol est propre, sans trace de *poussière* et, si vous le touchez, vous constaterez que le bois conserve une certaine *humidité,* comme s'il avait été lavé *récemment.*

La pièce n'était pas grande. Dans un coin se trouvait un lit.

Ce qui frappait le plus, c'était, sur les murs, des *graffiti* à la peinture verte, bleue, jaune, rouge, semblant l'œuvre d'un fou et, en quelques traits, un *portrait* de Mirella.

– Vous attendez une explication?

– Cela me paraît normal.

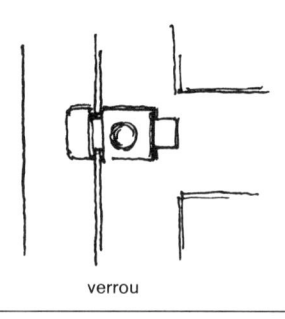

verrou

---

poussière, matière sèche, composée de terre, qui vole facilement
humidité, ce qui se produit quand qc n'est pas tout à fait sec
récemment, peu de temps avant
graffiti (pl.), inscriptions ou dessins faits très vite sur un mur

portrait

– Il y a plusieurs mois, j'ai ouvert la porte de cette pièce par hasard. J'ai été choqué par ce que j'ai vu et, fermant la porte à clé, j'ai jeté la clé au-dessus du placard.

– En présence de votre femme?

– Je ne m'en souviens pas.

– Vous savez ce qu'il y a sur les murs de cette pièce, madame?

Elle fit oui de la tête.

– Quelle impression avez-vous eue en y trouvant votre portrait?

Il y eut un silence et Maigret tira sa pipe de sa poche.

– Je me demande, dit le Hollandais, si je ne ferais pas mieux d'appeler mon *avocat*. Je ne connais pas assez les lois françaises pour savoir si vous avez le droit de nous poser ces questions.

– Si vous faites appel à votre avocat, donnez-lui donc rendez-vous au quai des Orfèvres car, dans ce cas, je vous y emmène immédiatement.

– Attendez! . . .

– Qui a occupé cette chambre?

– C'est une vieille histoire . . . Ne voulez-vous pas

---

avocat, personne dont le métier est de défendre les gens devant la justice

que nous descendions et que nous continuions cette conversation en prenant un verre?

Ils descendirent tous les trois dans la bibliothèque de Jonker.

«Qu'est-ce que je peux vous offrir, monsieur Maigret?»

– Rien à présent...

Il servait un whisky à sa femme et s'en servait aussi.

– Il y a deux ou trois ans... commença-t-il, on m'a parlé d'un jeune peintre de talent qui était dans une misère si complète qu'il lui arrivait de dormir dans la rue.

– Vous venez de dire «on». Est-ce un ami, ou un *marchand* de tableaux, qui vous a parlé de ce jeune homme?

– Je ne m'en souviens pas. Toujours est-il que j'ai pensé à cet atelier qui ne servait à rien...

– Quel est le nom de ce jeune artiste?

– Je n'ai jamais connu que son *prénom*.

– Qui est?

Un léger temps :

– Pedro.

On sentait qu'il inventait.

– Un Espagnol? Un Italien?

– Je ne sais pas. J'ai mis l'atelier et la chambre à sa disposition. Je lui ai donné de l'argent pour acheter des couleurs et des toiles.

– Et le soir, vous l'enfermiez?

– Je ne l'enfermais pas.

– Pourquoi, dans ce cas, ces verrous extérieurs?

– Pour une raison fort simple. Pendant longtemps, j'ai

---

marchand, celui qui vend qc
prénom, nom choisi par les parents à la naissance d'un enfant

mis dans cet atelier les toiles de valeur qui ne trouvaient pas place sur les murs. Il était naturel de les enfermer du dehors, puisque je ne pouvais le faire de l'intérieur.

– Et Pedro?

– Il a vécu quelques mois dans la maison.

– Il avait du talent?

– Beaucoup.

– Il est devenu un peintre connu?

– Je l'ignore. Je suis monté un certain nombre de fois dans l'atelier et j'ai admiré ses toiles.

– Vous en avez acheté?

– Comment pouvais-je acheter des toiles à un homme à qui je fournissais une chambre et les repas?

– De sorte que vous ne possédez pas une seule de ses œuvres?

– Non.

– Il sortait beaucoup?

– Comme tous les garçons de son âge.

– Au fait, quel âge avait-il?

– Vingt-deux ans. Il a fini par se faire des amis et des amies. Au début, il n'en amenait dans l'atelier qu'un ou deux à la fois. Puis, il a été trop loin. Certaines nuits, ils étaient une vingtaine à faire du bruit juste au-dessus de l'appartement de ma femme, ce qui empêchait celle-ci de dormir.

– Vous n'avez jamais eu la curiosité de monter voir ce qui se passait, madame?

– Mon mari s'en est chargé.

– Et le résultat a été?

– Il a mis Pedro à la porte, non sans lui remettre une certaine somme d'argent.

– C'est alors que vous avez découvert les graffiti?

Jonker fit oui de la tête.

«Vous aussi, madame? Dans ce cas, votre portrait a dû vous révéler que Pedro était amoureux de vous. Vous l'a-t-il dit?»

– Si vous continuez sur ce ton, monsieur Maigret, j'aurai le regret de prévenir mon ambassade de votre façon d'agir, dit Jonker.

– Vous lui parlerez aussi des personnes qui se glissent le soir dans la maison et y passent une partie de la nuit?

Mirella interrompit :

– En ce qui concerne ces femmes, j'ai toujours été au courant, avant même que nous soyons mariés...

– Je vais donc, à vous, poser une question précise. Jusqu'à quelle heure, la nuit dernière, êtes-vous restée dans l'atelier?

– J'ai mis longtemps à chercher un sujet... Vers une heure du matin, je suis descendue dans mon appartement.

– Vous avez éteint la lumière dans l'atelier?

– Je crois. C'est un geste automatique.

– Vous portiez le même vêtement blanc et le même turban qu'aujourd'hui?

– Oui.

– Votre mari était couché? Vous n'êtes pas allée lui dire bonsoir?

– Ce n'est pas l'habitude quand je me couche après lui.

– Tout à l'heure, monsieur Jonker, j'ai remarqué, grâce à vos classeurs, que vous suivez les ventes importantes. Vous achetez beaucoup, puisqu'à un moment donné vous avez été obligé de ranger dans l'atelier des toiles qui ne trouvaient plus place ailleurs. Dois-je en conclure que vous revendez celles qui ont cessé de vous plaire?

– Je vais essayer, une fois pour toutes, de m'expliquer. Comme dans toute collection, j'ai commencé par des tableaux de second choix. Petit à petit, à mesure qu'elles prenaient de la valeur, j'ai revendu une partie de ces toiles pour en acquérir de plus importantes...

– Excusez-moi de vous interrompre. Vous avez continué jusqu'à ces derniers temps?

– J'ai l'intention de continuer jusqu'à ma mort.

– Ces œuvres que vous vendez, vous les envoyez en vente publique, ou bien les confiez-vous à un marchand de tableaux?

– Cela m'est arrivé, assez rarement, d'envoyer un tableau ou deux à une vente, mais je préfère faire autrement...

– C'est-à-dire?

– Je sais, par exemple, que tel musée des Etats-Unis ou d'Amérique du Sud cherche un Renoir, un Picasso de l'époque bleue. Si je désire vendre une toile de ce genre, j'établis des contacts.

– Cela expliquerait que des voisins ont vu des tableaux sortir de chez vous?

– Ceux-là et ceux de ma femme.

– Pouvez-vous, monsieur Jonker, me fournir le nom de quelques-uns de vos acheteurs?

– Non.

C'était un non froid et catégorique.

– Dois-je en conclure qu'il s'agit d'un *trafic clandestin?*

– Je n'aime pas ce mot-là. Les échanges de ce genre doivent être discrets. On m'achète une toile. Je la remets à l'acheteur. Il me paie et c'est tout...

Maigret se leva.

---

trafic clandestin, échange hors la loi

– Je m'excuse, madame, d'avoir interrompu votre travail et *gâché* votre après-midi ...

Jonker, debout, prononçait à son tour :

– Je m'excuse de n'avoir pas toujours gardé mon calme ...

Questions

1. Quel est le sens des questions posées par Maigret dans l'atelier ?

2. Pourquoi Jonker a-t-il caché la clé de la chambre ?

3. Qui a occupé cette chambre ?

4. L'histoire racontée par Jonker paraît-elle vraie ?

---

gâcher, détruire; rendre pénible

6

Dans le taxi qui le ramenait au Quai, la seule image qui restait dans la mémoire de Maigret, était celle de la petite chambre avec le lit.

Elle avait été occupée récemment, c'était certain. Pourquoi, autrement, l'aurait-on lavée à grande eau au cours des dernières heures ?

Une fois arrivé, avant d'entrer dans son bureau, il passa par celui des inspecteurs. Il ne regarda personne en particulier, mais dit très vite :

– Je voudrais qu'on surveille au plus tôt la maison d'un certain Norris Jonker, avenue Junot. C'est en face de la maison dont sortait Lognon quand il a été attaqué. Mettez au moins deux hommes et une voiture. Non seulement il faut suivre les Jonker s'ils sortent de chez eux, mais *filer* les visiteurs s'il y en a...

Maigret était à peine installé à son bureau, que Janvier entra.

– J'ai vu l'ex-fiancé de Marinette Augier. Je lui ai appris que Marinette avait brusquement quitté son domicile et que nous avions un besoin urgent de son *témoignage*. Je lui ai demandé où ils avaient l'habitude de se rendre le week-end. J'ai fini par avoir six adresses d'*auberges* où ils sont allés plusieurs fois. Les auberges sont toutes au bord de l'eau. J'ai envoyé un homme dans chaque direction pour essayer de la trouver.

---

filer, ici : suivre qn sans qu'il s'en aperçoive
témoignage, le fait de dire ce qu'on a vu ou entendu
auberge, petit hôtel de campagne

– Tu as bien fait.

– Vous n'avez plus besoin de moi?

– Pas pour le moment. Ne pars pas sans me prévenir. Dis à Lucas de rester aussi.

Maigret avait envie de faire vite. Après sa longue visite chez le Hollandais, il sentait que quelqu'un était menacé, tout en restant incapable de dire qui. Il prit le téléphone et demanda le bureau des étrangers.

On ne prit qu'une dizaine de minutes pour lui fournir des renseignements sur Mme Jonker. Son prénom n'était pas Mirella, mais simplement Marcelle, son nom de famille était Maillant. Elle était née à Nice, elle avait trente-quatre ans. Après avoir épousé un riche Anglais de Manchester, du nom de Muir, elle avait vécu un certain nombre d'années à Londres, où elle s'était mariée à un riche Hollandais, Norris Jonker.

Tout cela n'apprenait rien de nouveau à Maigret, mais on promit de le rappeler, si on apprenait autre chose.

Ensuite, il appela Scotland Yard pour avoir des renseignements sur Herbert Muir, le premier mari de Mirella. Là aussi, on promettait de rappeler.

Il était six heures et demie. Quand il ouvrit la porte qui communiquait avec le bureau des inspecteurs, Maigret ne trouva plus dans le grand bureau que quatre ou cinq inspecteurs.

– Y a-t-il du nouveau sur Marinette? demanda-t-il.

– Non, patron, il nous reste encore les auberges au bord de la Marne, mais celles de la Seine n'ont rien donné.

Maigret allait rentrer dans son bureau quand l'inspecteur Chinquier, très agité, entra dans la pièce.

– J'ai du nouveau, commissaire. Plutôt que de vous

téléphoner du bureau, j'ai préféré *accourir* moi-même...

– Entrez.

– J'ai laissé un témoin dehors, pour le cas où vous voudriez le voir.

– Asseyez-vous et racontez d'abord...

– Voilà! Comme vous l'avez demandé, les hommes du XVIIIe se sont occupés d'interroger tout le monde, avenue Junot. Pendant des heures, en dehors du vieux Maclet, cela n'a rien donné. Puis, tout à coup, on m'a fourni un renseignement qui m'a paru intéressant. Il s'agit d'un nommé Langeron :

«Un peu avant dix heures du soir, il remontait l'avenue Junot. A hauteur de la maison du Hollandais, une voiture stationnait, une Jaguar jaune dont le *numéro* portait «TT» en lettres rouges.

«Il n'était plus qu'à quelques mètres quand la porte s'est ouverte...»

– Il est sûr que c'est la porte de l'hôtel des Jonker?

– Il connaît toutes les maisons de l'avenue Junot. Ecoutez bien! Deux hommes sont sortis, soutenant un troisième tellement *ivre* qu'il ne tenait plus debout.

«Quand les deux personnages qui portaient presque l'autre dans la voiture ont aperçu Langeron, ils ont hésité à retourner vers la maison, mais l'un des deux a dit :

« – Allons!... Marche, idiot!... Si ce n'est pas malheureux de se mettre dans un pareil état!...»

– Ils l'ont emmené?

– Attendez. Ce n'est pas tout. D'abord, Langeron

---

accourir, venir très vite
numéro, chiffre qui sert à faire reconnaître qc (une maison, une voiture, etc.)
ivre, qui a bu trop d'alcool

75

affirme que celui qui a parlé avait un fort accent anglais. Ensuite, celui qui était ivre ne portait ni chaussures, ni *chaussettes*. On l'a installé à l'arrière de la voiture avec un de ceux qui le soutenaient, et l'autre a pris le *volant*. La voiture est partie à toute vitesse.

«Vous voulez que j'appelle mon homme?»

Maigret hésita, sûr qu'il y avait de moins en moins de temps à perdre.

– Installez-vous avec lui à côté et *enregistrez* sa *déposition*. Assurez-vous qu'il n'oublie rien. Un détail peut prendre de l'importance.

– Qu'est-ce que je fais ensuite?

– Vous m'en reparlerez quand vous aurez fini.

Maigret prit le téléphone.

– Le service des voitures... En vitesse!

Il ne se souvenait pas avoir vu de Jaguar jaune. Le «TT» indiquait que la voiture était entrée en France avec un propriétaire étranger qui ne restait qu'un certain temps dans le pays et qui, en conséquence, n'avait pas payé les *droits de douane*.

«Allô. Qui est à l'appareil?»

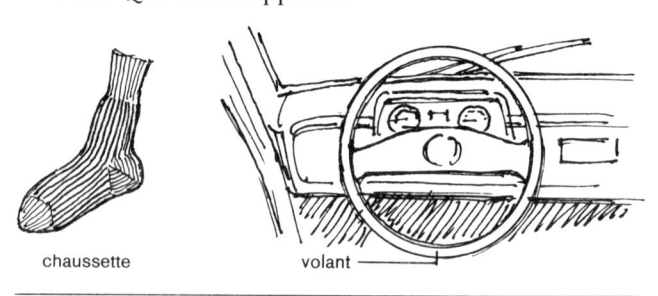

chaussette   volant

---

enregistrer, ici : écrire ce que l'on vous dit
déposition, témoignage écrit devant la police
droits de douane, somme d'argent que l'on paie lorsqu'on entre dans un pays avec certains objets achetés dans un autre

– C'est Rorine, patron.

– Ecoute, car c'est très important. Il s'agit d'une Jaguar. Elle roulait hier soir encore dans Paris. Elle est jaune et a un numéro en «TT» . . . Non! Je ne connais pas les chiffres. Ce serait trop beau. Mais je pense qu'il n'y a pas beaucoup de Jaguars jaunes en «TT» à Paris. Trouve-moi le nom du propriétaire, son adresse, la date d'arrivée en France . . . A tout de suite . . .

Il allait ouvrir la porte pour appeler Janvier, quand le téléphone sonna et il se précipita vers l'appareil. C'était Bastiani, du service des étrangers.

«Alors, je t'écoute . . . Quel nom dis-tu? . . . Stanley Hobson . . . Comment? C'est une longue histoire? Fais-la aussi courte que possible, sans rien oublier. *J'ai la conviction* qu'il faut agir vite. Un certain homme ivre aux pieds nus *me tracasse* . . . Bon! J'écoute . . .

L'affaire était vieille de seize ans. On avait arrêté à Nice, dans un grand hôtel de la Promenade des Anglais, un certain Stanley Hobson, pour vol de *bijoux*. Il se trouvait en compagnie d'une fille de dix-huit ans. On l'avait emmenée avec lui. Tous les deux avaient été interrogés pendant trois jours. Leur chambre avait été *fouillée,* mais aucun bijou n'avait été retrouvé. Sans preuve, le *couple* avait été remis en liberté et, deux jours plus tard, passait en Italie.

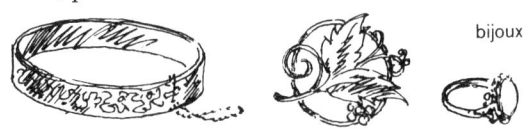

---

avoir la conviction, être sûr
se tracasser, se faire du souci
fouiller, chercher partout où l'on peut avoir caché qc
couple, un homme et une femme ensemble

77

On n'avait plus entendu parler, à Nice, de Hobson ni de Marcelle Maillant, car c'était bien d'elle qu'il s'agissait.

«Merci, Bastiani. A tout à l'heure, je l'espère.

On commençait à avancer, et, à ces moments-là, Maigret aurait voulu que les bureaux soient ouverts jour et nuit.

«Viens un instant, Lucas. Tu vas descendre, j'espère qu'il reste quelqu'un. Note le nom. Stanley Hobson. Il y a quinze ans, il a été arrêté pour vol de bijoux, mais remis en liberté par manque de preuves.»

Lucas à peine parti, Chinquier frappait à la porte.

– Voilà, monsieur le commissaire. Le rapport est écrit et Langeron l'a signé. Vous ne voulez vraiment pas le voir?

– Qu'il mange et qu'il revienne ensuite, à tout hasard. Je ne sais pas encore si j'aurai besoin de lui, ni quand.

– Qu'est-ce que je fais?

– Le mieux est que vous retourniez au XVIIIe pour me tenir au courant de ce qui se passe dans le quartier...

A ce moment, le téléphone sonna.

«Bon!... Bravo!... Ed Gollan... Un Américain? Tu as l'adresse? Hein?

Maigret était ravi. Il s'agissait du propriétaire de la Jaguar jaune.

«Merci... Je verrai ce que ça donne, mais j'aurais préféré qu'il ne s'agisse pas d'un client de l'Hôtel Ritz...

Il pénétrait une fois de plus chez les inspecteurs.

«Que deux hommes se préparent à prendre une voiture...

L'instant d'après, il reprenait le téléphone.

«Le Ritz? Passez-moi le concierge, s'il vous plaît. Allô! Le concierge?... C'est vous, Pierre?... Ici,

Maigret. Ecoutez-moi bien et ne prononcez pas de noms. Avez-vous comme client un certain Gollan? Ed Gollan?»

– Il est chez nous, oui. Il y descend souvent. C'est un Américain, né à San Francisco, qui voyage beaucoup et qui vient trois ou quatre fois par an à Paris. En général, il reste une vingtaine de jours . . .

– Quel âge?

– Trente-huit ans. Pas du tout le type de l'homme d'affaires, mais le type de l'*intellectuel.* D'après son passeport, il est *critique d'art.* Il a reçu plusieurs fois le directeur du Louvre et des grands marchands de tableaux viennent le voir . . .

– Il est dans sa chambre en ce moment?

– Quelle heure est-il? . . . Sept heures et demie? . . . Il doit se trouver au bar . . .

– Voulez-vous vous en assurer?

Il y avait une attente.

– Il y est, oui. En compagnie d'une jolie femme.

– Une cliente de l'hôtel?

– Ce n'est pas tout à fait le genre; elle vient souvent prendre un verre avec lui et, tout à l'heure, ils iront sans doute dîner en ville . . .

– Voulez-vous me rappeler, s'ils sortent? . . . Et merci! . . .

Il appela Lucas.

«Ecoute-moi bien. Tu vas aller au Ritz avec un inspecteur. Tu demanderas de ma part au concierge si

---

intellectuel, personne qui, par goût ou par métier, s'occupe des choses de l'esprit
critique d'art, personne dont le métier est de dire ce qui est bien et ce qui ne l'est pas dans le domaine de l'art

Ed Gollan est toujours au bar. S'il y est, tu l'*abordes* discrètement, sans prononcer à voix haute le mot police. Dis-lui qu'il s'agit de sa voiture, que nous avons un renseignement à lui demander, et insiste pour qu'il te suive.

Lucas s'éloigna.

Maigret était nerveux. Rien n'allait dans cette affaire. Et, à part le mystérieux Stanley Hobson, on ne tombait que sur des personnages respectables.

Il finit par appeler, chez lui, Manessi le commissaire-priseur.

«C'est encore moi, oui . . . Excusez-moi de vous déranger . . . Est-ce que le nom de Gollan vous dit quelque chose? Un des meilleurs *experts* américains? . . .

Il soupira plusieurs fois en écoutant ce que Manessi lui disait.

«Oui . . . Oui . . . Je devais m'y attendre . . . Encore une question. On a dit cet après-midi devant moi que les vrais collectionneurs de peinture achètent et revendent souvent leurs tableaux *en sous-main* . . . C'est exact? . . . Je ne vous demande pas de noms, bien sûr. Un dernier mot. Se pourrait-il qu'un homme comme Norris Jonker ait de faux tableaux dans sa collection?»

Un éclat de rire lui répondit.

– S'il y en a, il y en a au Louvre aussi . . .

La porte s'ouvrait brusquement. Un Janvier excité, ravi, attendait avec *impatience* pour raconter la nouvelle.

– Je vous remercie, Manessi, et au revoir.

---

aborder, aller vers qn pour lui parler
expert, celui qui connaît le mieux qc
en sous-main, secrètement
impatience, le fait d'avoir du mal à attendre

Janvier lançait :

– Ça y est, patron! On l'a retrouvée...

– Marinette?

– Oui. Elle était dans une auberge, au bord de la Marne.

– Elle a parlé?

– Elle jure ignorer ce qui s'est passé. En entendant les coups de feu, elle a tout de suite pensé à Lognon. Elle a eu peur qu'on tire sur elle aussi.

– Pourquoi?

– Elle ne l'a pas expliqué. Elle sera dans une heure au Quai.

D'ici là, si tout allait bien, Ed Gollan s y trouverait aussi.

De nouveau, le téléphone sonnait. C'était Scotland Yard. L'inspecteur-chef lui-même appelait pour annoncer des nouvelles importantes sur Mirella. Par exemple, le *divorce* avec son premier mari, Herbert Muir, après seulement deux ans de mariage. Il avait été prononcé aux torts de la jeune femme et le complice n'était autre qu'un certain Stanley Hobson. On avait établi que, pendant les deux années qu'avait duré le mariage, le couple n'avait pas cessé de se voir.

– Je n'ai pas encore retrouvé la trace de Stanley à Londres dans les années qui ont suivi. J'espère vous renseigner demain. J'allais oublier un détail. Hobson est plus connu sous le nom de Stan-le-Chauve, car il a perdu tous ses cheveux...

Maigret était en train de poser le téléphone, quand il entendit, dans le couloir, parler français avec l'accent américain.

---

divorce, fin d'un mariage

Il fit son sourire le plus accueillant et, ouvrant la porte, prononça :

– Entrez, je vous en prie, monsieur Gollan, et pardonnez-moi de vous avoir dérangé ...

Questions

1. Pourquoi le témoignage de Langeron est-il très important ?

2. L'homme que l'on a porté dans la Jaguar était-il vraiment ivre ?

3. Pourquoi Maigret s'intéresse-t-il à Ed Gollan ?

4. Pensez-vous que Marinette puisse être très utile à l'enquête de Maigret ?

5. Que pensez-vous de Mirella après le coup de téléphone de Scotland Yard ?

7

– Ce monsieur, disait Ed Gollan en désignant Lucas, m'a en effet dérangé dans des conditions particulièrement désagréables, non seulement pour moi, mais pour une dame qui m'accompagnait.

Maigret faisait signe à Lucas de sortir du bureau.

– Veuillez nous en excuser, monsieur Gollan...
– Je suppose qu'il est question de ma voiture?
– Vous êtes le propriétaire d'une Jaguar jaune, n'est-ce pas?
– Je l'étais.
– Que voulez-vous dire?
– Que je suis allé en personne, ce matin, au bureau de police dire qu'elle m'a été volée.
– Où étiez-vous hier soir, monsieur Gollan?
– Chez le consul du Mexique. J'y ai dîné en compagnie d'une douzaine de personnes.
– Vous y étiez encore vers dix heures?
– Non seulement à dix heures, mais à deux heures du matin, comme vous pourrez le vérifier.
– Vous aviez laissé votre voiture devant chez lui?
– Non. Je l'ai laissée Place Vendôme, en face du Ritz. Je n'avais que quelques centaines de mètres à franchir pour me rendre chez mon ami.
– Vous n'avez pas quitté son appartement?
– Non.
– Vous y avez reçu un coup de téléphone?

Il hésita, surpris de voir Maigret au courant.

– D'une femme, oui.
– Une femme que vous ne pouvez pas nommer, je suppose? Ne s'agirait-il pas de Mme Jonker?

– Cela aurait pu être elle, car je connais les Jonker.

– Lorsque vous êtes rentré à l'hôtel, vous n'avez pas remarqué que votre voiture n'était plus à sa place?

– Non.

– Vous ignorez, bien sûr, qui a pu voler votre voiture?

– Je n'ai aucune idée. Je pense que, maintenant, je peux aller retrouver cette dame que j'ai invitée à dîner?

– Pas tout de suite . . . Je crains d'avoir encore besoin de vous tout à l'heure . . .

Maigret avait entendu des pas, une porte s'ouvrir et se refermer, une voix de femme dans le bureau voisin.

«Tu veux venir un instant dans mon bureau, Janvier? Il ne serait pas poli de laisser monsieur Gollan seul. Nous lui avons fait manquer son dîner . . .»

Il aperçut alors une charmante jeune fille, qui observait ce qui se passait autour d'elle.

– Vous êtes le commissaire Maigret, n'est-ce pas? J'ai vu votre photo dans les journaux. Dites-moi vite s'il est mort . . .

– Non, mademoiselle Augier. Il a été blessé gravement, mais les docteurs espèrent le sauver.

– C'est lui qui vous a parlé de moi?

– Il n'est pas en état de parler et ne le sera pas avant deux ou trois jours. Voulez-vous me suivre?

Il l'introduisait dans un petit bureau dont il refermait la porte.

– Vous me comprendrez, je crois, si je vous dis que le temps presse. C'est pourquoi je vais vous poser quelques questions. Est-ce vous qui avez indiqué à l'inspecteur Lognon qu'il se passait des choses bizarres dans la maison d'en face?

– Non. Je n'avais rien remarqué, sinon que, le soir, il y avait souvent de la lumière dans l'atelier.

— Où vous a-t-il rencontrée?

— Dans la rue, alors que je rentrais chez moi. Il m'a dit qu'il s'était renseigné sur mon appartement, qu'il avait besoin d'y passer deux ou trois soirs à la fenêtre afin de surveiller quelqu'un. Il m'a montré sa carte de la police.

— Et vous avez accepté?

— Il paraissait malheureux. Il m'a raconté qu'il n'avait jamais eu de chance mais que, si je l'aidais, tout allait changer, car il était sur une grosse affaire.

— Il vous a dit laquelle?

— Pas le premier soir.

— Vous êtes restée avec lui le premier soir?

— Un certain temps, oui, dans l'*obscurité*. Les rideaux de l'atelier, en face, ne joignaient pas complètement et, de temps en temps, on voyait passer un homme qui tenait une palette et des pinceaux à la main ...

— Vêtu de blanc? Avec un turban autour de la tête?

— Oui. J'ai remarqué en riant qu'il avait l'air d'un fantôme ...

— Vous l'avez vu peindre?

— Une fois. Il donnait l'impression d'un fou ...

— Vous avez vu d'autres personnes dans l'atelier?

— Une femme. Elle *se déshabillait* ...

— Grande et brune?

— Ce n'était pas Mme Jonker, que je connais de vue.

— Vous avez vu M. Jonker aussi?

— Pas dans l'atelier. Dans l'atelier, j'ai aperçu une fois un homme chauve.

— Que s'est-il passé hier au soir?

---

obscurité, absence de lumière
se déshabiller, enlever ses vêtements

— Comme d'autres soirs, je me suis couchée de bonne heure...

— Lognon était dans le salon?

— Oui. Nous avions fini par nous entendre tous les deux. Il était très gentil avec moi. Pour me remercier, il m'apportait quelques chocolats, ou des fleurs...

— Vous dormiez, à dix heures?

— J'étais au lit, mais je ne dormais pas encore. Je lisais le journal. Il a frappé à ma porte. Très excité, il m'a annoncé qu'il y avait du nouveau, qu'on venait d'emmener le peintre, que cela s'était passé trop vite pour lui donner le temps de descendre...

«— Il vaut mieux que je reste encore un peu. Un des hommes reviendra probablement...

«Il est retourné à la fenêtre et j'ai commencé à dormir. Les coups de feu m'ont réveillée. J'ai regardé dehors. En me penchant, j'ai vu un corps sur le trottoir. La concierge est montée et m'a dit ce qui s'était passé...»

— Pourquoi avez-vous pris la fuite?

— J'ai pensé que, si les gangsters savaient qui il était et ce qu'il faisait dans la maison, ils allaient me tuer aussi... Je n'ai pas réfléchi...

— Vous avez pris un taxi?

— Non. Je suis descendue à pied jusqu'à la place Clichy et alors, je me suis souvenue d'une auberge où je suis allée plusieurs fois, jadis, avec un ami...

— Jean-Claude, oui...

— C'est par lui que vous avez su où j'étais?

— Ecoutez, mademoiselle, j'ai l'impression qu'il y a plus urgent...

— Lognon ne s'est pas trompé?

— Non! Lognon connaît son métier et se trompe rarement. Comme il vous l'a dit, il n'a pas de chance...

Il la laissa dans le petit bureau et demanda à Janvier de rester avec elle.

Quand il entra dans son bureau, Gollan se leva. Maigret lui dit :

– Connaissez-vous Stanley Hobson, dit Stan-le-Chauve?

– Je n'ai pas à répondre.

– Comme vous voudrez. Asseyez-vous. Vous serez peut-être interessé par la conversation téléphonique que je vais avoir... Allô! Passez-moi M. Jonker, s'il vous plaît...

«Allô! monsieur Jonker?... Ici, Maigret. Depuis que je vous ai quitté, j'ai trouvé la réponse à beaucoup des questions que je vous ai posées. La vraie réponse, vous comprenez?...

«Par exemple, j'ai dans mon bureau M. Gollan, qui n'est pas content d'avoir été dérangé et qui n'a toujours pas retrouvé sa voiture. Une Jaguar jaune. Celle qui stationnait devant chez vous, hier à dix heures du soir et qui a emmené, entre autres, votre locataire. En assez mauvais état, semble-t-il... Sans chaussures ni chaussettes...

«Je vous prie de venir ici, dès maintenant, en compagnie de Mme Jonker. Dites-lui que nous connaissons toute son histoire. Il est possible que, en plus de M. Gollan, elle rencontre ici un certain Stan-le-Chauve...

«Taisez-vous, monsieur Jonker! C'est moi qui parle... Il est désagréable d'être mêlé à une affaire de faux tableaux, mais il serait plus grave d'être *accusé* de complicité de *meurtre*...

---

accuser (qn), dire à qn qu'il est coupable de qc
meurtre, le fait de tuer qn volontairement

«Je suis sûr que l'inspecteur Lognon a été attaqué sans que vous et M. Gollan soyez au courant. Mais j'ai bien peur qu'un autre crime se prépare, auquel vous seriez plus étroitement mêlé, puisqu'il s'agit de l'homme que vous gardiez enfermé chez vous. Où est-il? Dites-moi où il a été emmené et par qui. Tout de suite, monsieur Jonker...»

Il entendit le murmure d'une voix de femme. Ensuite, Jonker, qui dit :

– Mario de Lucia, 27, rue de Berry... C'est lui qui s'est chargé de Frédérico...

– Et Frédérico est le peintre qui travaillait dans l'atelier?

– Oui... Frédérico Palestri...

– Je vous attends, monsieur Jonker, ainsi que votre femme.

Maigret ne regarda même pas l'Américain en face de lui. Il prenait à nouveau le téléphone.

«Passez-moi le bureau de police du VIIIe... Allô! Dubois? Prenez trois ou quatre hommes avec vous... Armés, car l'individu est dangereux... Vous irez au 27, rue de Berry, et vous monterez chez un certain Mario de Lucia. S'il est chez lui, vous l'arrêtez.

«Vous trouverez dans l'appartement un homme qui y est enfermé, Frédérico Palestri. Je voudrais avoir ces deux hommes ici le plus tôt possible. Encore une fois attention!...

Il se tourna vers Ed Gollan.

«Vous voyez, cher monsieur, que vous aviez tort de protester. J'ai mis longtemps à comprendre, car je ne suis guère au courant du trafic des tableaux vrais ou faux. De plus, votre ami Jonker est un gentleman qui ne perd pas facilement son calme. Cela dit, j'espère que votre peintre est encore vivant. Nous saurons cela dans quelques minutes . . .

Maigret n'avait pas le temps de finir sa phrase que le téléphone sonnait :

«Oui . . . Dubois? . . .

Il écouta un bon moment sans mot dire.

«Bon! . . . Merci . . . Ce n'est pas ta faute . . . Au revoir.»

Maigret se leva, refusant de répondre au regard inquiet de l'Américain. Celui-ci était pâle.

– Il est arrivé quelque chose? Je vous jure que si . . .

– Restez assis et taisez-vous.

Il passa à côté, fit signe à Janvier de le suivre.

– Cela ne va pas, patron?

– Je ne sais pas encore ce qui s'est passé exactement. On a trouvé le peintre *pendu,* dans la salle de bains où il était enfermé. Mario de Lucia a disparu. Qu'on le recherche partout, dans les gares, les aéroports, aux *frontières* . . .

se pendre

---

frontière, ligne qui sépare deux pays

Un couple montait l'escalier, suivi par un policier.

– Veuillez entrer dans cette pièce et m'attendre, madame Jonker . . . Vous, monsieur Jonker, suivez-moi . . .

Il l'emmena dans un autre petit bureau à côté. «Asseyez-vous.»

– Vous l'avez retrouvé?
– Oui.
– Vivant?

Le Hollandais, en quelques heures était devenu un vieil homme.

«Lucia l'a . . . tué?»

– On l'a trouvé pendu dans la salle de bains.
– J'ai toujours dit que cela finirait mal . . .
– A qui?
– A Mirella . . . Aux autres . . . Surtout à ma femme . . .
– Que savez-vous d'elle?

C'était dur à avouer, mais il y réussit, tête basse.

– Tout, je pense. J'ai fait sa connaissance à Londres. Je suis *tombé amoureux* d'elle, et je l'ai épousée. D'abord, j'avais chargé un *policier privé* de me renseigner sur elle. J'ai appris qu'elle avait vécu plusieurs années avec Hobson, dit Stan-le-Chauve, que la police anglaise a arrêté une fois, pour deux ans.

«Il allait la retrouver à Manchester, alors qu'elle était Mme Muir. A Londres, il ne vivait pas avec elle, mais venait de temps en temps la voir pour lui *extorquer* de l'argent.

«Voyez-vous, monsieur Maigret, je ne peux pas me

---

tomber amoureux (de qn), éprouver de l'amour pour qn
policier privé, policier qui travaille pour des gens qui le paient (= détective)
extorquer, prendre par la force

passer d'elle. C'est dangereux, à mon âge, de tomber amoureux. Elle m'a expliqué qu'elle pourrait *se débarrasser de* Hobson avec une certaine somme d'argent, et je l'ai crue. J'ai payé . . .»

– Comment a commencé l'histoire des tableaux?

– Vous aurez du mal à me croire, car vous n'êtes pas collectionneur . . .

– Je collectionne les hommes . . .

– On me demande souvent mon avis sur une toile. Et il suffit qu'un tableau ait appartenu à ma collection pour qu'on n'en discute pas la valeur. Je vous l'ai dit chez moi : je revendais certaines pièces afin d'en acheter d'autres, toujours plus belles et plus rares. Quand on a commencé, il est difficile de s'arrêter. Une fois, je me suis trompé . . . Il s'agissait pourtant d'un Van Gogh. Un tableau que j'aurais juré *authentique*. Je l'ai conservé un certain temps chez moi. Un collectionneur sud-américain m'en a offert une somme qui me permettait d'acheter une toile dont j'avais depuis longtemps envie.

«Quelques mois plus tard, un certain Gollan, que je ne connaissais que de nom, est venu me voir . . .»

– Il y a combien de temps de cela?

– Environ un an. Il m'a parlé du Van Gogh, qu'il avait eu l'occasion de voir chez mon acheteur sud-américain, et m'a prouvé que c'était un faux très bien imité.

«– Je n'en ai rien dit à votre acheteur, a-t-il précisé. Ce serait très désagréable pour vous, n'est-ce pas, qu'on apprenne que vous avez vendu un faux tableau. C'est votre collection entière qui deviendrait *suspecte* . . .

---

se débarrasser (de qn), renvoyer qn parce que l'on est gêné par sa présence
authentique, qui est bien de l'origine que l'on croit
suspect, qui éveille des doutes

«Vous n'avez pas idée du coup que cette histoire m'a porté...

«Gollan est revenu me voir. Un jour, il m'a annoncé qu'il avait découvert l'auteur du faux, un garçon de génie, capable d'imiter aussi bien un Manet qu'un Renoir.

«On dit que je suis un homme riche, mais le mot richesse est vague. Si je peux m'acheter certains tableaux, je ne peux m'en offrir d'autres, comprenez-vous?»

– Ce que je crois comprendre, c'est qu'on avait besoin que les faux tableaux, en passant par chez vous, ne puissent plus être discutés.

– C'est à peu près ça. Je plaçais une ou deux fausses toiles parmi les miennes et...

– Un instant! Quand vous a-t-on présenté Palestri?

– Un mois ou deux plus tard. Gollan se faisait du souci pour lui, car c'était une sorte de fou de génie. Vous l'avez deviné en visitant sa chambre, n'est-ce pas?

– Quand et comment avez-vous découvert qu'on s'intéressait à ce qui se passait chez vous?

– Ce n'est pas moi qui m'en suis aperçu, mais Hobson.

– Car Hobson était rentré dans la vie de votre femme?

– Tous les deux juraient que non. Hobson était un ami de Gollan. C'est lui qui avait découvert Palestri. J'ai accepté qu'il travaille dans l'atelier, où personne n'aurait l'idée de venir le chercher. Il couchait dans la chambre que vous connaissez. Il ne demandait pas à sortir, à condition qu'on lui amène des femmes. La peinture et les femmes étaient ses seules passions.

«C'était un locataire très désagréable. Même avec ma femme. Vous avez vu le portrait qu'il a fait d'elle...

«Une passion, monsieur Maigret, c'est déjà beaucoup

pour un homme, et j'aurais dû me contenter de la peinture. Il a fallu que je rencontre Mirella...Cependant rien n'est de sa faute . . . Qu'est-ce que vous me demandiez?

«Ah! oui . . . Qui a découvert que nous étions *soupçonnés* . . . C'est une femme que Lucia avait amenée pour Palestri. Elle a téléphoné à Lucia pour lui annoncer qu'elle avait été suivie en sortant de chez moi, puis abordée par un homme qui lui avait posé toutes sortes de questions. Lucia et Stan ont surveillé le quartier. Ils ont remarqué que, le soir, un personnage, assez mal habillé, *rôdait* avenue Junot . . .

«Plus tard ils l'ont vu entrer avec une jeune fille dans la maison d'en face. Il y restait dans l'obscurité, près de la fenêtre, se croyant *invisible,* mais comme il était incapable de se passer de fumer, on apercevait de temps en temps le bout de sa cigarette . . .»

– Personne n'a pensé qu'il était de la police?

– Non, car les hommes de la police *se relayent,* or, c'était toujours le même, et Stan a pensé qu'il appartenait à une autre bande. Il fallait que Palestri disparaisse vite de la maison . . . Lucia et Hobson s'en sont chargés, hier soir, en se servant de la voiture de Gollan . . .

– Ce dernier était au courant, je pense?

– Palestri refusait de partir, sûr que, après l'avoir fait travaillé pendant près d'un an, on avait l'intention de le tuer. Il a fallu l'*assommer* . . .

---

soupçonner, se douter de qc à propos de qn
rôder, marcher toujours au même endroit en ayant l'air de chercher qc
invisible, que l'on ne peut pas voir
se relayer, se remplacer
assommer, frapper un coup très fort sur la tête

– Vous étiez présent?
– Non.
– Votre femme?
– Non! Nous attendions son départ pour remettre l'atelier et la chambre en état. Ce que je peux vous affirmer, c'est que j'ignorais leur intention d'abattre l'inspecteur. Je n'ai compris qu'en entendant les coups de feu . . .

Il y eut un long silence. Maigret était fatigué et regardait le vieil homme devant lui avec une certaine sympathie.

«De toute façon, c'est fini pour moi, n'est-ce pas? Je me demande ce qui va me manquer le plus . . .

Ses tableaux qui lui avaient coûté si cher? Sa femme, sur qui il n'avait jamais eu d'*illusions,* mais dont il avait tant besoin?

«Vous verrez, monsieur Maigret, qu'on ne croira pas qu'un homme intelligent puisse se montrer aussi *naïf*...

Il ajouta, après un temps de réflexion :

«Sauf, peut-être, les collectionneurs . . .»

Dans un autre bureau, Lucas avait commencé d'interroger Stan-le-Chauve.

Ce furent, pendant deux heures encore, des allées et venues de pièce en pièce, des questions, des réponses.

Il était près d'une heure, comme la veille, quand les lumières s'éteignirent.

– Je vais vous reconduire, mademoiselle, dit Maigret à Marinette. Cette nuit vous pouvez dormir chez vous sans crainte . . .

Ils étaient tous les deux dans le fond du taxi.

---

illusion, qc que l'on s'imagine, mais qui n'est pas réel
naïf, qn qui croit tout ce que l'on lui dit

– Vous m'en voulez, monsieur Maigret?
– De quoi?
– Si je n'avais pas pris la fuite, votre travail n'aurait-il pas été plus facile?
– Nous aurions gagné quelques heures, mais le résultat est le même...

Lognon sortit de l'hôpital un mois plus tard, heureux, car, au bureau de police du XVIIIe, il était désormais une sorte de *héros*. En outre, ce n'était pas la photo de Maigret, mais la sienne, que les journaux avaient publiée.

Mario de Lucia avait été arrêté à la frontière belge. Hobson et lui eurent dix ans de *prison*.

Gollan dit qu'il ne savait rien de l'attaque de l'avenue Junot et n'eut que deux ans de prison pour *escroquerie*.

Jonker sortit libre du *procès,* au bras de sa femme.

Maigret, debout au fond de la salle, partit un des premiers pour éviter de les rencontrer, surtout qu'il avait promis de téléphoner à Mme Maigret pour lui annoncer le *verdict*.

---

héros, celui qui a réussi grâce à son courage qc de très dangereux
prison, endroit où l'on enferme ceux qui ont commis de mauvaises actions
escroquerie, sorte de vol où l'on gagne de l'argent en affirmant des choses fausses
procès, action de justice destinée à condamner les coupables
verdict, résultat d'un procès

Questions

1. Marinette apprend-elle du nouveau au commissaire Maigret?
2. Comprenez-vous pourquoi Marinette a pris la fuite?
3. Pourquoi Maigret est-il pressé de retrouver le peintre?
4. Que pensez-vous de l'histoire de Jonker?
5. Etes-vous d'accord avec le verdict?